간결하고 힘 있는 말하기는 일종의 예술과 같다. 말을 반복하고 또 반복하는 사람은
뇌가 퇴화되는 중이 아닌 이상 영향력이 미미한 사람이다.
소통전문가 닉 모건

내가 가진 가장 큰 자본은 다른 사람들의 열정을 끌어올릴 수 있는 능력이다.
모든 사람이 자신의 재능을 충분히 발휘하게 하는 방법은 칭찬과 격려다.
심리학자 에이브러햄 매슬로

《别输在不会表达上2》
Author: 李劲

기분 좋은 말투 품격 있는 말투

기분 좋은 말투 품격 있는 말투

펴낸날 2024년 1월 30일 1판 1쇄

지은이 리징
옮긴이 하은지
펴낸이 이종일 강유균
편집위원 김정희
기획·홍보 김아름 김혜림
교정·교열 이교숙 정아영 나지원
경영지원 이안순
디자인 바이텍스트
마케팅 조명구

출판브랜드 지니의서재
주소 경기도 고양시 덕양구 청초로 66 덕은리버워크지산 B동 2007호~2009호
전화 (02)719-1424 **팩스** (02)719-1404
이메일 gangibook@naver.com
홈페이지 www.readlead.kr
펴낸곳 리드리드출판(주)
출판등록 1978년 5월 15일(제 13-19호)

ISBN 978-89-7277-389-4 (03320)

* 지니의서재는 리드리드출판(주)의 출판브랜드입니다.
* 파본은 구입한 서점에서 교환해 드립니다.
* 책값은 뒤표지에 있습니다.

리징 지음 **하은지** 옮김

기분 좋은 말투 품격 있는 말투

지니의서재

prologue

외모보다 말투를 가꾸는 사람이 되어라

단정하고 준수한 외모는 사람의 경쟁력을 높여준다. 하지만 말과 말투에 문제가 있으면 아무리 빛나는 외모도 소용이 없으니 그것만큼 안타까운 일이 없다.

사람이라면 누구나 말하는 법을 배워야 한다. 말하는 법은 있어도 그만 없어도 그만인 액세서리 같은 것이 아니다. 얼굴이 조금 못생겨도, 키가 조금 작아도 살아가는 데는 딱히 지장이 없다. 하지만 말은 조금만 잘못해도 큰 문제가 되기 십상이다.

말은 사람의 매력을 가장 잘 드러내는 '도구'로, 말을 잘한다는 것은 엄청난 자산이다. 말을 잘하면 면접에서 돋보일 수 있고 사업 기회도 잡을 수 있다. 한마디로 대인관계에서 유리한 위치를

점할 수 있고 주도권을 쥘 수 있다는 뜻이다. 심지어 가정생활도 훨씬 화목하게 꾸릴 수 있다.

친절하게 말한다는 것은 상대를 배려하고 상대 눈높이에 맞게 말을 하는 것이다. 이런 사람은 입술뿐 아니라 얼굴이, 사람 자체가 아름다워 보인다. 날을 세우고 공격적으로 말하는 사람은 대개 인격적으로도 결함이 많고 인간적으로도 매력이 없다. 말은 곧 인격이고 그 사람이기 때문이다.

사람의 매력은 외모뿐 아니라 내면에서 더 많이 나온다. 그런데 생각보다 많은 사람이 적절하게 말을 잘하지 못하거나 말실수를 해서 관계를 나쁘게 만들고 본인에게 올 수 있었던 여러 기회도 잃는다. 이럴 때 가장 먼저 해야 할 일은 내면을 풍성하고 충만하게 채우는 것이다. 마음을 닦고 교양을 쌓으면 때와 장소에 따라 어떤 말을 해야 적절한지 가릴 수 있는 지혜가 생겨서 말 때문에 벌어지는 문제를 줄일 수 있다. 말을 잘한다는 것은 굉장한 능력이며, 성공하고 싶다면 말하기 기술은 필수이다.

이 책에는 장소와 상황에 따라 적용할 수 있는 말하기 기술이 들어있다. 이 기술을 충분히 익히고 기억해서 적용하면 언제 어디서든 환영받는 사람이 될 것이다.

차례

제3장 마음의 거리를 좁히는 법
어떻게 시작하느냐가 대화의 성패를 좌우한다

제4장 말에 힘을 더해주는 3분의 법칙
말하기도 하나의 예술이다

제5장

누구와도 무난하게 대화를 나누는 법

대화할 때는 분위기가 중요하다

제6장

난처한 상황을 극복하는 법

점수를 따는 대화법은 따로 있다

제7장 대화할 때 정도를 지키며 말하는 법

해도 되는 말, 하면 안 되는 말을 구별할 줄 알아야 한다

제8장 직장에서 호감 가는 사람이 되게 말하는 법

직장에서는 항상 말을 조심해야 한다

제9장

비즈니스 관계에서 말하는 법
성공하고 싶다면 말하는 법을 알아야 한다

제10장

공적인 자리에서 주목받는 법
회의, 비즈니스 행사에서 좋은 인상을 남겨라

제11장

가족, 친구들과 마음 터놓고 대화하는 법
사랑과 우정에도 말하기 기술이 필요하다

제12장

이성 관계를 더욱 친밀하게 만드는 법
다정한 말 한마디가 관계를 행복하게 만든다

만약 우리가 듣기에 대한 욕심이 없다면 말하고 싶은 욕심도 크게 감소할 것이다.
이 측면에서 보면 가볍게 말할 줄 아는 것 자체가 자신의 말하기 능력과
다른 사람의 듣기에 대한 욕심을 강화한다는 것을 알 수 있다.

협상전문가 맥스 베이저만

입을 열기 전에 사람들의 마음을 사로잡는 법

대화는 단순히 '말'만 잘한다고 되는 게 아니다. 정말로 말을 잘하는 사람은 언어 외에 다른 요소까지 세심하게 고려한다. '마음을 먼저 사로잡는 8가지 법칙'만 잘 익히면 당신도 얼마든지 상대의 마음을 사로잡을 수 있다.

가장 아름다운 언어, 미소를 이용하라

미소는 가장 아름다운 표정이자 가장 아름다운 언어다. 미소를 지어보라. 미소로 상대를 대하면 당신의 삶이 당신에게 미소를 지을 것이다.

"세상에 태양과 공기, 물과 미소 말고 우리에게 더 필요한 것은 없다."

고대 그리스 철학자 소크라테스가 했던 말이다. 물과 태양, 공기의 중요성은 세상 모든 사람이 다 안다. 그런데 미소가 그만한 가치가 있다는 사실을 아는 사람은 많지 않다.

미소란 무엇일까? 미소는 사람을 끌어들이는 매력이다. 미소는 친절하고 선량하며 편안하고 긍정적인 인상을 남긴다.

한 여인이 식당에 앉아 메뉴판을 넘기며 메뉴를 고르고 있었다. 그녀를 한참 쳐다보던 점원이 말했다.

"코가 정말 크시네요."

여성은 무례한 점원에게 화를 내지 않았다. 오히려 미소를 지으며 칭찬을 건넸다.

"치마가 정말 예쁘네요. 헤어밴드도 참 잘 어울려요."

의외의 반응에 멋쩍어진 점원은 곧바로 그녀에게 사과했다.

점원이 사과한 이유가 뭘까? 답은 간단하다. 그녀의 칭찬과 미소 때문이다. 누군가에게 미소를 건네면 상대의 마음을 편안하게 만들어 한 발 더 가까이 다가갈 수 있다. 미소는 상대가 누구든 "나는 당신을 받아들일 준비가 되어 있습니다."라는 의미를 전한다. 예부터 인류는 타인의 정서에 자신의 정서를 투영하는 경향이 있다. 그래서 우리가 미소를 지으면 대부분 상대 역시 미소로 답한다. 바꿔 말하면 순수한 영혼을 가진 사람일수록 타인이 발산하는 아름다움을 더 쉽게 받아들인다. 타인에게 불친절하고 강경한 사람일수록 자신의 부족함을 드러내는 것과 같다.

미국의 한 심리학자가 한 고등학교 졸업생들을 대상으로 연구를 진행했다. 해당 고등학교를 졸업한 지 40년이 지난 졸업생들을 찾아가 보았더니 졸업사진에서 웃고 있는 학생들은 40년 후에도 여전히 행복하고 즐거운 삶을 살고 있었다. 반면 졸업사진에서 웃지 않은 학생들은 혼자이거나 힘들고 여유 없는 삶을 살고 있었다.

세상에서 가장 아름다운 언어는 미소다. 미소는 사람의 마음을 가장 잘 움직이는 표정이다. 항상 얼굴에 미소를 짓는 사람은 젊어 보일 뿐 아니라 자신감도 넘쳐 보인다. 그래서 주변에 늘 그를 좋아하는 사람이 있다. 대인관계도 원만하다. 가장 중요한 건 미소는 돈 한 푼 들이지 않고 엄청난 수익을 실현하는 자산이라는 점이다.

대다수 사람은 정신없이 바쁜 삶을 살아간다. 매일 각양각색의 사람과 부딪히며 정신적인 스트레스에 시달린다. 하지만 아침에 사무실에 들어서며 동료들에게 건네는 아침 인사 한 마디로 그날의 컨디션과 기분을 바꿀 수 있다. 퇴근 후 집에 돌아와서 배우자에게, 가족들에게 수고했다고 건네는 한 마디로 그날의 피로를 녹이고 위안을 줄 수 있다. 오며 가며 마주치는 이웃에게 보여주는 미소 한 번으로 좋은 인상을 심어줄 수 있다. 마찰이 생긴 인간관계라면 불쾌하고 서먹한 감정을 없애는 데 미소가 큰 역할을 할 것이다.

삶의 깊은 절망에서 허덕이는 사람은 미소를 보고 다시 일어날 힘을 얻는다. 누군가 미소를 보여주길 바란다면 먼저 웃어주자.

미국에 여행을 온 단체 관광객들이 있었다. 그들에게 가이드가 뜻밖의 제안을 했다. 원래 일정에는 없지만 근처에 조금 특별한 어시장이 있으니 꼭 한번 가보라는 것이었다.

관광객들의 요청으로 그날 마지막 일정에 어시장 방문이 추가되었다. 그날따라 날씨가 따라주지 않았지만, 그래도 사람들은 좋았다. 스산한 날씨도, 어시장 특유의 비린내도, 정신없는 호객행위도 잊게 만드는 상인들의 호탕한 웃음소리 때문이었다.

시장은 축구 경기장처럼 시끌벅적했고, 생선은 축구공인 듯 펄떡펄떡 살아 움직였다. 상인들은 최고의 축구팀인 양 손발이 척척 맞았고, 상인들의 대화는 관광객들의 귀를 즐겁게 했다.

"아, 연어 다섯 마리가 휴스턴으로 날아 들어가네요."

"네, 말씀드린 순간 꽃게 여덟 마리가 버몬트로 들어갔습니다."

여기저기서 웃음소리가 끊이지 않았다. 한 여행객이 상인에게 물었다.

"새벽부터 나와 일하셨을 텐데 힘들지 않으세요? 어쩜 이렇게 다들 싱글벙글하시는 거예요?"

"아, 몇 년 전까지는 우리도 이렇지 않았어요. 그때는 시장을 찾는 사람이 계속 줄어서 먹고사는 게 엄청 힘들었거든요. 당연히 상인들도 불평불만이 가득했고요. 분위기가 안 좋아도 너무 안 좋았어요. 그러다가 어차피 일할 것, 분위기를 바꿔보자, 마음을 바꿔보자고 의견을 모았어요. 그래서 장사가 되든 안 되든 일단 표정부터 밝게 하려고 했어요. 미소를 띠니까 분위기가 좋아지더라고요. 말에도 가시가 없어지고요. 그래서 이번에는 소리 내 웃기 시작했죠. 그러니 분위기가 더 좋아지는 거예요. 손님들도 좋아하고요. 생선은 싱싱하고 상인들은 친절하다고, 이 시장에 가면 기분이 좋아진다고 소문이 나기 시작했어요. 그렇게 손님들이 점점 많아져서 상인들 벌이도 좋아지니까 이제는 일부러 웃지 않아도 진심으로 웃음이 나온다니까요. 하하하!"

상인의 호탕한 웃음소리는 관광객들의 기분도 좋게 만들어주었다. 미소와 웃음소리에는 국경이 따로 없었다.

평생 애써 이룬 성과도 하루아침에 사라질 수 있다. 그것이 인생이다. 하지만 바닥을 쳤다는 생각이 들 때도 미소와 웃음을 잃지 않는다면 삶이 최악으로 치닫지는 않을 것이다. 어시장 상인들이 짜증이 잔뜩 내려앉은 얼굴을 하고 있었다면 사람들이 찾아왔을까? 우거지상을 하고 있어봤자 나아지는 것은 없다. 좋아서 웃는 게 아니라 웃으면 좋아진다. 당신이 웃으면 인생도 따라 웃고, 당신이 울면 인생도 따라 눈물을 흘린다. 미소로 삶을 대하는 사람에게 삶은 더욱 찬란한 미소로 답할 것이다.

중요한 순간에는
소심함을 떨쳐 내야 한다

> 당신은 모든 사람의 VIP가 아니다. 세상 모든 사람이 당신과 연관된 삶을 살아가진 않는다. 그러니 마음 놓고 사람들과 대화하고 어울려도 된다.

뛰어난 말재간을 갖고 싶지 않은 사람은 없을 것이다. 실제로 대화를 나누다 보면 호감 가는 말투를 쓰는 사람은 얼마 되지 않는다. 대다수 사람은 본인이 하고 싶은 말을 조리 있게 잘하지 못하며 지나치게 긴장해서 상대방의 마음을 사로잡지 못한다. 대화의 목적은 상대를 편안하게 만드는 것이다. 만일 어느 한쪽이라도 긴장하거나 불편함을 느꼈다면 그건 실패한 대화다.

사람은 무의식적으로 모르는 사람과 대화를 나누거나 낯선 사람들 앞에서 말하는 데 거부감을 느낀다. 그리고 성격에 따라 그 정도가 심하게 나타나기도 한다. 이런 사람들은 말재주가 부족한 것이라기보다는 자신감이 부족한 것이다. 주변에서는 그런 그들을 위해 이런저런 조언과 충고를 한다. 그러면 그들은 이렇게 말한다.

"말을 잘 못 하겠어요. 방법을 모르는걸요. 정말 창피해요."
"제가 하는 말을 상대가 어떻게 생각할지 너무 신경 쓰여요."
"제가 무슨 말을 했는데 갑자기 분위기가 썰렁해지면 어쩌죠?"
"너무 긴장돼요. 그래서 자꾸만 말을 더듬어요."
"저도 잘하고 싶죠. 그런데 사람들 앞에 서면 머릿속이 하얘져요."
"상대방의 말에 어떻게 맞장구쳐 줘야 할지 모르겠어요. 그래서 저는 누군가와 단둘이 얘기하는 게 너무 싫어요."

이런 문제들은 자신감이 부족하거나 자존감이 너무 강해서 나타나는 현상이다. 자기 자신에게 신뢰가 없는 사람은 자신감이 부족하기 때문에 쉽게 긴장한다. 그리고 사람은 긴장하면 말을 더듬는다.

말을 잘 못 한다고 생각하는 사람들, 특히 '시답지 않은' 대화를 잘 나누지 못한다고 생각하는 사람들은 과도한 자신감이나 자존감을 지닌 경우가 많다. 자기 형상을 과도하게 인식해서 나타나는 문제로 창피함 때문에 입을 열지 못하는 것이다. 그러면 대화를 나누는 상대와도 관계가 어색해지고 불편해지는 악순환이 생긴다.

대화를 나누고 싶은 상대가 되려면 먼저 자신감을 길러야 한다. 자신감에 가득 찬 모습으로 말 한마디 한마디에 힘을 실어주면 사람들은 자연스레 당신에게 빠져든다.

문제를 해결하는 근본적인 방법은 왜곡된 자기 형상을 바로잡는 것이다. 그리고 대화의 과정과 결과에 지나치게 신경 쓰지 않아야 한다. 좋은 대화란 대부분의 경우 대화를 나누는 사람의 마음에 달려있다. 고등교육을 받지 않아도 마음이 따뜻해지고 편안해지는 이야기를 나눌 수 있다. 반면에 공부를 많이 한 지식인이라도 뚝뚝 끊어지는 불편한 대화를 할 수 있다.

당신이 스스로에 대해 내리는 평가는 바라보는 다른 사람의 시선에도 영향을 준다. 스스로 사교 기술이 부족하다고 생각하면 다른 사람도 그렇게 생각하고, 할 말이 없다고 생각하면 다른 사람도 당신과 나눌 대화가 없다고 생각한다.

사람들은 누군가를 평가할 때 당장 눈에 보이는 것, 그리고 어딘가에서 들은 이야기를 근거로 삼는 경향이 있다. 그러니 그들이 어떻게 생각하는지는 결국 스스로 어떻게 평가하는지에 따라 달라진다는 걸 기억하자.

말과 행동, 표정에 자신감 넘치는 사람이 되려면 다음의 몇 가지를 주의해야 한다.

(1) 사람들은 당신의 정서에 영향을 받는다. 그리고 그 정서에 반응한다. 당신이 그들에게 친절하면 그들도 당신을 친절하게 대한다. 그런데 당신이 무례하면 그들도 당신을 무례하게 대한다.

(2) 자신감이 없더라도 단어 하나, 행동 하나에 신경을 써서 안정감 있게 말하고 행동하는 연습을 하라. 믿는 대로 되고, 행동하는 대로 된다.

(3) 스스로 부자연스럽다고 느껴진다면 속으로 '할 수 있다.'라고 말해보자. 할 수 있다고 생각하면 정말로 할 수 있게 된다.

(4) 어떤 상황에서도 자신감을 잃지 마라. 사람들이 나를 싫어한다고 생각하면 위축되고, 다른 사람도 나에게 매력을 느끼지 못한다. 사람들은 당당한 사람에게 매력을 느낀다.

당신은 모든 사람의 VIP가 아니다. 세상 모든 사람이 당신과 연관된 삶을 살아가진 않는다. 그러니 조금 더 편안한 마음으로 그들과 대화를 나눠보자. 완벽할 필요는 없다. 그저 솔직하게, 자신을 조금 더 편안하게 해주면 된다. 그러면 다른 사람도 편안함을 느낄 것이며 대화는 자연스럽게 이어질 것이다.

'할 말 있는 사람'이 되어라

사람들을 만날 때, 사람들 앞에서 말을 해야 할 때는 준비를 단단히 하라. 준비를 많이 할수록 대화에 자신감이 붙고, 대화의 효과도 좋아진다.

혹시 이런 경험이 있는가? 상사에게 업무 보고를 하는데 몇 마디 하고 보니 더는 할 말이 없다든가, 마음에 드는 이성을 만났는데 몇 마디 나누고 나니 할 말이 없다든가, 새로운 곳에서 새 친구를 사귀었는데 공동의 관심사가 하나도 없어서 자꾸만 대화가 끊기고 어색한 침묵이 흐르는 경험. 어쩌다 한 번이 아니라 이런 일이 잦은 편이라면 평소에 미리미리 '할 말 있는' 사람이 되도록 노력을 할 필요가 있다.

에이런은 업무상 교육계 사람들을 만나는 일이 많았다. 이번에도 한 대학교수에게 도움을 청할 일이 생겼다.

에이런은 그 교수와 빨리 가까워질 수 있을지 고민했다. 그녀는 먼저 교수의 SNS를 검색해 그가 올린 게시물들을 살펴보았다. 그리고 여기저기에 실린 그의 칼럼과 논문들을 읽어보던 중 그가 인도 시인 타고르의 시에 관심이 많다는 사실을 발견하게 되었다. 에이런은 타고르의 시집을 읽으며 몇 구절을 암송했다.

교수를 만나기로 한 날, 에이런은 먼저 약속 장소에 나가 기다렸다. 잠시 뒤 얼굴에 인자한 미소를 머금고 들어온 교수를 보자, 에이런은 타고르의 시를 자연스럽게 읊었다.

"당신은 아무 말 없이 웃었다. 나는 내 오랜 기다림이 그 미소를 위한 것이라는 것을 깨달았다."

교수는 단번에 그것이 타고르의 시라는 걸 알아챘다. 마음의 거리를 한층 좁힌 두 사람은 시간이 갈수록 깊은 대화를 나누었고, 교수는 최선을 다해 에이런을 도와주겠다고 약속했다.

기회는 준비된 사람에게 온다. 사람들과 어떻게 대화를 나눠야 할지 고민되는가? 당신이 방금 들은 뉴스, 얼마 전에 읽은 잡지나 책, 광고나 드라마 등이 모두 대화거리가 될 수 있다. 요즘 이슈가 된 사건이나 유행하는 패션, 아이돌 등도 좋은 대화 소재다. 전문적으로, 구체적으로 잘 알아야만 할 수 있는 이야기가 아니라 조금만 알아도 쉽게 이야기할 수 있는 대화거리는 주변에 널려 있다. 당신에게 익숙한, 당신이 잘 아는 각도로 다양한 문제를 해석해보는 것도 좋은 방법이다. 같은 이슈라도 당신만의 시각으로 살펴보고 분석하면 또 다른 의미를 도출할 수 있다.

예를 들어, 새로 들어간 회사에서 몇몇 동료들이 한 스타 배우의 루머에 대해 이야기를 하고 있다고 치자. 당신은 그 내용에 대해 아는 바가 없고, 동료들이 그 루머에 대해 어떤 생각을 가지고 있는지도 모르는 상황이다. 그럴 때는 어떻게 하는 게 좋을까? 일반적이고 원론적인 이야기를 하는 것이다.

"스타가 되는 것도 참 피곤한 일인 것 같아요. 언제 어디서든지 사람들 눈에 띌 수 있잖아요. 그러고 보면 늘 루머가 따라다니는 것도 이상한 일은 아닌 것 같아요."

이렇게 말하면 누군가에게 상처 주거나 밉보이지 않으면서 자연스럽게 무리와 어울릴 수 있다.

물론 장소와 상황에 따라 태도를 달리할 필요도 있다. 아무리 잘 아는 내용이라고 해도 무조건 대화 주제로 삼는 건 바람직하지 않다. 때에 따라서는 '입을 닫는' 지혜도 필요하다. "요즘 그 뉴스 봤어요?", "최근에 미야자키 하야오 감독의 신작이 나왔던데…." 라는 식으로 질문을 해보는 것도 좋은 방법이다. 어찌 되었든 당신의 목적은 상대를 파악하고 그들에 대해 알아가는 것이다.

누가 갑자기 말을 끊거나 끼어든다고 해서 특별히 기분 나빠할 필요는 없다. 이는 다시 말해 상대가 지금 그 주제에 매우 깊이 빠져들었다는 의미이기도 하다. 당신도 그 분위기에 자연스럽게 끼어들면 그만이다.

누군가를 만나 대화를 나누기 전에, 혹은 업무를 시작하기 전에 먼저 그와 관련한 인물이나 이벤트, 뉴스 등의 대화 소재를 공부해보자. 물론 공부한 내용에 대해 전혀 언급하지 않을 수도 있다. 하지만 중요한 건 필요할 때 적절하게 대응할 무언가가 당신에게 있다는 점이다.

스스로 말재주가 전혀 없다고 생각하는 사람은 사전에 화제를 준비하고 공부한다고 해도 난처한 상황에 처할 수 있다. 이는 자기암시가 없기 때문이다. 대화를 나누기 전에 계속해서 스스로 '난 충분히 노력했어.', '난 잘할 거야.', '아주 잘하고 있어.'라고 계속 자신을 독려하는 것도 효과가 있을 것이다.

당신의 말솜씨가 어떤 수준이든(아무리 형편없어도) 성장할 가능성은 얼마든지 있다. 충분한 준비는 대화를 더욱 자연스럽게 만들어주는 주요한 방법 중 하나다. 그러니 조금만 더 용기를 갖고 계속 이 습관을 유지한다면 당신에게 아주 커다란 자산이 될 것이다.

패션은
소리 없는 언어다

깔끔하고 단정한 복장은 침착하고 세련된 이미지와 더불어 호감을 준다. 자기 관리를 잘하는 사람이라는 인상은 상대로 하여금 당신에게 마음을 활짝 열리게 한다.

패션이 사람에게 미치는 영향은 생각보다 크다. 장소와 나이를 불문하고 패션은 그 사람이 누구인지 판단하는 기준이 된다. 한 보고에 따르면 패션은 그 사람의 재무 상황이나 권위, 신뢰도, 지적 수준과 업무 성과를 판단하는 데 영향을 준다. 나아가 그 사람의 행위를 판단할 때도 영향을 미쳐 취업과 임금 상승, 진급, 비즈니스 영역에서도 차이를 보인다.

그러니 패션은 상대에게 당신이 누구인지, 어떤 사람인지 소리

없이 던지는 일종의 메시지다. '소리 없는 언어'라고 해도 과언이 아니다. 그러므로 당신이 되고픈 사람의 모습을 그려보고 그 모습으로 꾸미는 법을 배우는 것도 매우 중요하다.

영화 〈악마는 프라다를 입는다〉에는 내면을 가꾸는 것만큼 외모를 꾸미는 것도 중요하다는 내용이 나온다. 여주인공 앤드리아가 평범하고 소박했던 비서에서 패셔너블하고 매력 넘치는 커리어 우먼으로 성장하는 내용을 그린 이 작품은 능력을 키우는 것만큼 외모도 가꿀 줄 알아야 한다는 점을 강조한다.

물론 아름다움에 대한 기준은 사람마다 다르다. 그러나 기억해야 할 것이 하나 있다. 우리의 옷은 말을 할 줄 안다. 게다가 목소리가 아주 크다. 그래서 특히나 높은 자리에 있는 사람일수록 패션에 크게 신경을 쓸 수밖에 없다. 보는 사람, 듣는 사람이 많기 때문이다.

영국의 전 총리 마거릿 대처는 여성 정치의 대표적인 인물로 특히 패션의 본보기로 여겨진다. 영국 〈파이낸셜 타임스〉에서는 그녀에 관해 "대처 여사는 우리 모두를 바꿔놓았다. 그녀는 현대 여성의 패션에도 여전히 큰 영향력을 미쳤다."라고 평가했다.

'철의 여인'으로 불리던 그녀가 어떻게 패션의 여왕이 된 것일까? 대처는 진주와 블루(파랑) 계열의 정장, 사각형 검정 가방을 자주 사용했는데, 영국에서 파란색은 보수당을 상징한다. 대처는 보수주의자로서의 신념을 파란색 옷으로 드러냈다. 지금까지도 '블루'는 태생적인 우아함과 진중함, 활기를 잃지 않는 생생한 매력으로 여전히 많은 여성의 사랑을 받는다. 그리고 대처는 진주에 대한 자신의 애정을 숨기지 않았다. 한 번은 매체와의 인터뷰를 통해 "진주는 피부 톤을 밝게 해줘서 사람들의 시선을 한눈에 사로잡아요. 평범한 옷이라도 진주를 걸치면 완전히 다른 분위기를 낼 수 있죠."라고 밝히기도 했다. 실제로 그녀는 평소에는 물론 특별한 행사가 있을 때마다 진주를 착용해 특유의 우아함과 세련된 분위기를 연출했다.

원칙적이며 힘이 있어 보이는 대처의 사각형 가방들은 "자기주장을 강하게 내세운다."라는 뜻의 '핸드배깅handbagging'이라는 신조어를 낳기도 했다. 파란색 계열의 의상, 고급스러워 보이는 진주, 힘이 느껴지는 가방을 통해 그녀는 세상에 자신의 메시지를 내보이고 패션 아이콘으로 거듭난 것이다.

대처는 유능하고 전문적이며 당당한 이미지를 위해 옷을 이용했고, 이는 '파워 드레싱'이라는 새로운 흐름을 만들어 낼 정도로 큰 주목을 받았다. 대처 이후 자신의 지위와 권위를 강조하고 싶어 하는 많은 여성 정치가며 유명 인사들이 전문가의 도움을 받아 이미지 메이킹을 하는 시대가 열렸다. 이 말을 뒤집으면 때와 장소에 맞지 않거나 메시지가 없는 차림은 센스가 없다는 평가를 받거나 심지어 여론의 뭇매를 맞을 수도 있다는 뜻이다.

1987년, 미국과 구소련의 정상이 워싱턴에서 만나 '중거리핵전력조약中距離核戰力條約'을 체결했다. 그리고 당시 퍼스트레이디 낸시 레이건과 라이사 티타렌코의 패션이 세계의 주목을 받았다.

중요한 이 외교행사에서 두 사람은 약속이라도 한 듯 모두 그레이 톤 옷을 입었다. 라이사는 '화물트럭 기사'와 같은 소련 여성의 이미지에 변화를 주기 위해 특별히 빨간색의 셔츠를 매치했는데, 결과는 대성공이었다. 상의와 하의의 비율을 완벽하게 드러냈을 뿐 아니라 사람들의 시선을 한눈에 끌기에도 충분했다.

그에 비해 낸시의 패션은 다소 아쉽다는 평가를 받았다. 매체는 "어깨 부분은 진중하지 못한 이미지를 보여주었고 어색한 허리 라인은 다소 과장돼 보였다."라며 매체들은 그녀의 패션을 혹평했다. 낸시는 '부적합한 패션'으로 오히려 나라의 이미지를 깎아내렸다는 질타를 피해 갈 수 없었다.

이렇듯 패션은 사람의 이미지를 만들어내는 데 매우 중요한 역할을 한다. 옷차림에 꼭 메시지를 담지 않더라도 상황에 맞는 단정한 차림은 더 많은 기회를 가져다준다. 겉으로 보이는 것이 전부는 아니지만 "옷이 날개다."라는 속담처럼 외모가 가산점이 되는 것은 어찌 보면 당연하다. 그렇다면 어떤 점에 주의해야 할까?

(1) 꼭 비싼 옷일 필요는 없지만 깔끔해야 한다. 옷이 더럽거나 냄새나거나 주름이 자글거리지 않는지 점검하라. 그래야 단정한 인상을 남길 수 있다.

(2) 직장에서는 너무 튀지 않는 옷이 좋다. 행사나 모임에 갈 때는 액세서리나 하이힐, 예쁜 스카프 등으로 포인트를 주어라. 넘치지 않는 연출이 중요하다.

(3) 적절한 컬러 매치로 상황에 맞게 다른 이미지를 연출하자. 쿨톤의 옷은 시크하고 프로페셔널해 보이고, 웜톤의 옷은 편안하면서도 활기 있어 보인다. 장소에 따라 컬러를 다르게 연출하는 센스를 발휘하자.

(4) 액세서리는 과도하게 착용하지 않도록 주의하자. 액세서리는 포인트를 주기 위한 것인데, 이것저것 많이 하게 되면 오히려 주의를 분산시킨다.

사람을 만날 때는 패션에도 신경을 쓰자. 그러나 겉으로 보이는 것보다 내면을 채우는 것이 먼저라는 점도 기억하자. 안과 밖은 한 몸이라 내면에서 나오는 에너지는 외모에 반영되게 마련이고, 아름답지 않은 내면에서 나오는 에너지는 외모를 아무리 잘 가꾸어도 가리기 어렵다.

마음이 편안해야 말도 잘 나온다

'토크 포비아(대화 공포증)'를 극복하는 건 그렇게 어렵지 않다. 충분한 준비와 실전 연습을 통해 얼마든지 '훌륭한 이야기꾼'으로 거듭날 수 있다.

"우리 교수님은 학생들한테 질문하는 게 취미인가 봐. 수업 시간마다 질문 폭격을 던지는데, 혹시라도 내 이름이 불릴까 봐 가슴이 조마조마해! 사람들 앞에서 말할 생각만 해도 소름 끼친다니까!"

"면접이 제일 문제예요. 서류 전형에서 합격해도 면접에서 매번 탈락이에요. 임원들 앞에만 서면 등에서 식은땀이 줄줄 흐르고 머릿속이 하얘져요. 예상 질문과 답도 다 준비해 가지만 너무 긴장한 나머지 하나도 기억이 안 난다니까요."

"강연을 좋아해서 많이 들으러 다니는 편이에요. 그런데 아직도 적응되지 않는 것 중 하나가 질의응답 시간이에요. 속으로는 너무너무 궁금한 게 있는데도 말이 안 나와요. 손을 들고 말할 생각만 해도 심장이 두근거리고 심지어 배도 아픈 것 같아요."

말을 가로막는 가장 큰 요인은 걱정과 두려움이다. 우리 주변에는 위와 같은 고민을 하는 사람들이 많다. 그렇지만 살다 보면 여러 사람 앞에서 말하는 일은 피할 수 없다. 세상 모든 사람이 타고난 연설가도 아니고 평소에 따로 스피치를 연습하는 것도 아니다. 그래서 대중 앞에서 말하는 것을 매우 부담스럽게 느끼는 사람이 생각보다 많은 것이다.

미국의 연설가 찰스 R. 그루너는 "모든 사람은 이성적, 사회적, 성별적, 직업적 자아상을 지녔는데, 사람들 앞에서 말을 할 때 그중 하나의 자아상이 튀어나온다."라고 말했다. 불안하고 두려운 마음이 생기는 이유는 바로 이러한 자아상이 사람들 앞에서 말을 하는 도중에 훼손되고 무너질까 봐 걱정하기 때문이다.

이러한 마음을 극복해 긍정적인 대화가 이어지게 하려면 몇 가지 노력이 필요하다. 다음 내용을 읽어보고 당신에게 잘 맞는 방법을 적용해보자.

(1) 다른 사람들 앞에서 말을 할 때 부끄럽고 걱정되고 긴장되

는 마음은 자연스러운 것이다. 무슨 말을 할 것인지, 당신이 할 말에 집중하라.

(2) 지적으로 보이고 싶거나 무시당하지 않으려고 평소에 잘 쓰지 않는 어려운 단어나 사자성어 같은 것을 쓰려다 보면 혀가 꼬일 수 있다. 친구와 대화한다고 생각하고 평소에 말하듯이 편하게 말해보자.

(3) 몇 명이 모이는 사적 모임이든, 수십 명 이상이 모이는 공적 행사든 알고 보면 긴장하고 걱정하고 어색해하는 사람이 많다. 힘든 것은 나만 아니라는 사실을 기억해두라. 대화를 나눌 용기가 조금은 더 생길 것이다.

(4) 사람들이 모인 곳에서 술술 잘 이야기하는 사람들도 처음부터 그렇게 말을 잘하지는 않았다. 당신이 모르는 숱한 연습과 훈련이 있었다. 연습한다 생각하고 입을 열어보라.

(5) 대부분의 사람은 상대가 나보다 여러 면에서 훨씬 더 잘났다는 생각에 긴장하곤 한다. 하지만 그렇게 상대를 과대평가할 필요가 없다. 그보다는 자신의 장점이 무엇인지 잘 생각해

보고, 그것을 갈고닦아 자신감을 키워보자.

(6) 당신의 마음을 솔직하게 털어놓는 것도 괜찮은 방법일 수 있다. “안녕하세요. 만나 뵈어서 반갑습니다. 제가 선생님 팬인데, 그래서 오히려 더 긴장이 되네요. 이해해주세요.”라고 하면 어색할 뻔했던 분위기가 부드러워질 것이다.

(7) 너무 긴장하면 목소리가 잘 나오지 않는다. 목소리를 조금 크게, 또박또박 말하는 연습을 해두면 사람이 많은 곳에서 말할 때 효과를 볼 것이다.

(8) 너무 긴장되고 두렵다면 잠시 하던 말을 중단하고 심호흡을 해보자. 마음이 조금 진정되면 조금 전의 그 상황을 다시 떠올려보자. 여전히 긴장되고 힘들면 다시 심호흡을 해보자. 이렇게 반복하다 보면 긴장이 완화되는 순간이 찾아온다.

상대와 눈을 마주치며 대화하라

대화할 때는 열린 마음으로 상대의 눈을 쳐다보라. 눈맞춤(아이 콘택트)은 친밀감과 신뢰감을 높여주기 때문에 생각보다 훨씬 좋은 결과를 얻을 수 있다.

흔히 사람의 눈을 '마음의 창'이라고 한다. 표정은 어느 정도 숨길 수 있어도 눈빛만은 거짓말하지 못한다. 이 대화에 흥미를 느끼는지 아닌지, 상대가 하는 말을 믿는지 아닌지, 대화를 더 나누고 싶은지 아닌지는 모두 눈빛에서 드러난다. 아무 말을 하지 않고도 눈빛만으로 충분히 이야기를 나누고 상대의 생각을 읽을 수 있다.

사람의 얼굴에서 마음 깊은 곳을 가장 잘 드러내는 곳이 바로 눈이다. 눈에 한 사람의 희로애락과 인생 스토리가 모두 담겨있기 때문에 눈빛은 때로 말로는 다 표현하기 힘든 미묘한 감정까지 표현하고는 한다.

매력 넘치는 눈빛은 당차고 자신감 넘치는 이미지를 남길 수 있으므로 대인관계에도 매우 긍정적인 작용을 한다. 반면 대화를 나눌 때 시선을 어디에 둘지 몰라 우왕좌왕하거나 먼 곳만 쳐다보면 상대는 난처함을 느낀다.

상대와 적절하게 눈을 잘 마주치고, 자신의 진실한 감정을 눈빛에 잘 담아내는 법을 배우면 상황에 따라 백 마디의 말보다 훨씬 좋은 효과를 볼 수 있다.

이탈리아 베네치아로 향하는 항공기의 탑승 게이트 앞으로 젊은 남녀가 헐레벌떡 뛰어오고 있었다. 비행기는 아직 이륙 전이었지만 탑승 수속을 모두 마친 후라 게이트 문이 닫혀있었고 보딩 브리지까지 연결이 해제된 상태였다.

"잠시만요! 저희 아직 안 탔어요!"

젊은 여성이 다급한 목소리로 말했다.

"죄송합니다, 고객님. 탑승 수속이 모두 마감되었습니다."

마무리 정리를 하고 있던 직원이 덤덤한 목소리로 대답했다.

"헉헉! 저희가 타고 온 비행기가 5분 전에 착륙했어요. 그런데 그 항공사 직원이 분명히 사전에 게이트에 전화해서 환승하는 데 문제가 없도록 조치해 두었다고 말했어요.”

여자는 거친 숨을 몰아쉬며 전후 상황을 설명했다.

“죄송합니다. 하지만 게이트는 일단 한 번 닫히면 누구도 탑승할 수 없습니다.”

직원은 조금 전보다 더 단호한 목소리로 말했다.

그때까지도 호흡이 진정되지 않은 여성은 그만 할 말을 잃고 말았다. 그러더니 갑자기 무언가 좋은 생각이 난 듯 함께 온 남자의 손을 잡아끌고 창문 쪽에 가서 섰다. 조종석이 보이는 자리였다.

마침 조종석에 있던 기장이 두 사람을 보았다. 세 사람의 눈이 마주쳤다. 단 몇 초의 짧은 시간이었다. 나중에 여자는 당시 상황을 떠올리며 이렇게 말했다.

“그때는 정말 시간이 멈춘 것 같았어요. 아마 창문에 붙어있는 우리 둘의 모습이 처량하기 짝이 없었겠죠. 우리 눈엔 비통함과 처절함이 담겨있었을 거예요.”

기장은 입술을 깨물며 고심했다. 옆에 있던 부기장까지 창문에 붙은 두 사람의 모습을 보게 되었다. 두 조종사는 이내 뭔가 결심했다는 듯 여자를 보며 가볍게 고개를 끄덕였다.

조금 뒤, 탑승구의 전화벨이 울렸다. 전화를 받은 직원은 너무 놀라 눈이 커졌다.

“짐 챙기세요!”

직원이 수화기를 붙든 채로 그들에게 말했다.

"기장님이 빨리 탑승하시래요!"

두 남녀는 기쁨과 놀라움과 고마움으로 조종석을 향해 손을 흔든 뒤 재빨리 짐을 챙겨 탑승구로 들어갔다.

두 남녀는 아무런 말도 하지 않았다. 하지만 아주 효과적인 방법으로 상대를 설득하는 데 성공했다. 물론 그녀가 취한 방법에는 여러 가지가 있었지만, 그중 하나에는 진심을 담은 눈빛도 포함되어 있었다.

그녀는 눈빛을 통해 하고 싶은 말을 강력하게 전달했다. 요컨대 장난이 심한 아이들을 제압하는 부모의 눈빛이나 오랫동안 헤어졌던 연인이 서로를 다시 만났을 때 보내는 사랑의 눈빛도 모두 같은 효과를 가진다.

기업 면접이나 파트너와의 비즈니스 협상, 연인과의 첫 데이트 등 여러 상황에서 눈맞춤은 매우 중요하다. 상대의 눈을 보며 대화를 나누면 상대는 당신이 자신에게 온전히 집중하고 있다는 생각을 하게 되며, 당신에게서 편안함과 자신감 넘치는 모습을 보게 된다. 훌륭한 연설가들이 청중과의 눈맞춤을 강조하는 이유도 그것이 긍정적인 첫인상을 남기는 데 핵심적인 역할을 하기 때문이다.

하지만 확실히 다른 사람과 눈을 마주치는 게 어색할 수 있다. 그렇다면 먼저 가족이나 친한 친구와 눈을 마주치며 대화하는 연습을 해보자. 30분 정도 대화를 나눈다면 최소한 절반 정도는 의식적으로 눈을 마주치는 것이 좋다. 아무리 힘들어도 포기하지 말자. 인간관계에서 눈맞춤은 매우 중요한 기술이라는 걸 계속 상기하자.

눈맞춤을 할 때는 자연스럽게 한 번씩 다른 곳을 쳐다보거나 고개를 끄덕이는 등 다른 제스처를 취하는 게 좋다. 힘들면 상대의 어깨를 쳐다보거나 얼굴 전체를 보는 것도 좋은 방법이다. 그래야 당신이 의식적으로 눈을 마주치는 연습을 하고 있다는 걸 상대가 알아채지 못한다. 눈에 힘을 주고 너무 부담스럽게 쳐다보면 상대도 심리적인 압박을 느껴서 자연스러운 대화를 나눌 수 없다.

그렇게 노력하는데도 상대가 잘 쳐다보지 못하거나 자꾸만 눈을 피한다면, 어쩌면 그가 당신에게 큰 잘못을 저질렀거나 뭔가 마음에 걸리는 행동을 했을 수 있다. 아니면 개인의 성격적 문제일 수도 있다. 그것도 아니면 당신을 위한 '서프라이즈'를 준비 중일 수도 있다. 어찌 됐든 당신이 할 수 있는 건 그저 상대의 반응을 받아들이면서 계속 눈을 마주치는 연습을 하는 것이다.

매일 조금씩
말하기 연습을 하라

제아무리 똑똑한 사람도 처음부터 자기 생각과 제안을 분명하게 잘 전달하기는 힘들다. '말하기'를 자주 접하지 않고, 평소에 어떻게 잘 말해야 하는지에 대해 고민하지 않는 사람은 '훌륭한 말하기'를 할 수 없다.

물에 들어가지 않으면 평생 수영을 배울 수 없고, 배를 타보지 않으면 평생 노 젓기를 배울 수 없다. 말하기도 똑같다. 아무리 말하기와 관련한 지식과 요령을 많이 터득했다고 해도 실제로 사람들 앞에 서서 입을 열어보지 않으면 아무 소용이 없다. 자주 말하지 않는 사람이거나, 평소에 어떻게 해야 더 잘 말할 수 있는지에 대해 고민하지 않는 사람은 '훌륭한 말하기'를 할 수 없다.

"사람들 앞에 서면 도대체 무슨 말을 해야 할지 모르겠어요.

말하기도 어려운데, 그걸 글로 정리해서 쓰는 건 두말할 것도 없죠."

아마 이런 걱정에 사로잡힌 사람들이 많을 것이다. 하지만 아무리 학식이 뛰어난 사람일지라도, 아무리 똑똑한 사람일지라도 처음부터 자기 생각을 간단명료하게 잘 전달하기는 어렵다.

사람들의 마음을 움직이고 감탄을 자아내는 말하기를 하는 건 쉽지 않은 일이다. 우리가 아는 훌륭한 연사들도 처음부터 그렇게 말을 잘했던 것은 아니다.

누군가 아일랜드 극작가 조지 버나드 쇼에게 매번 심금을 울리는 명연설을 할 수 있는 비결이 무엇이냐고 물었다.

"피겨 스케이팅을 타는 것처럼 연습했습니다. 매번 실패하고 넘어지고, 번번이 우스꽝스러운 모습을 하면서도 포기하지 않는 것처럼 저도 연습하고 또 연습했습니다."

어릴 적 그는 유난히 소심하고 숫기 없는 아이였다. 이웃집에 심부름이라도 하러 가는 날에는 방파제 위에서 오랫동안 하염없이 서 있다가 겨우 마음을 먹고 가서 조용히 문을 두드릴 정도였다.

소심한 성격 때문에 자기만큼 어린 시절을 힘들게 보낸 사람은 없을 거라고 말할 정도였지만, 그는 끝없는 연습 끝에 마침내 그 성격을 극복했다. 그는 토론클럽에 가입해 런던에서 공개 토론회가 열릴 때마다 빠지지 않고 참석했고, 사회주의 운동에도 몸담아 활동하며 방방곡곡에서 관련 연설을 했다. 그 결과 조지 버나드 쇼는 20세기 초 가장 출중한 연설가로 거듭날 수 있었다.

사람들에게는 이상적으로 그리는 자신의 모습이 있다. 그리고 남들이 자신을 그 모습으로 봐주길 희망한다. 그런데 낯선 사람을 만날 때, 이성과 교제할 때, 권위 있는 사람과 대화를 나눌 때, 대중 앞에서 연설할 때는 자신이 그리는 '꿈의 자아상'이 무의식적으로 위협을 받는다. 그래서 혹시나 말실수를 해서 사람들에게 망신을 당하거나 '수준 낮은 인간'이라는 평가를 받을까 봐 전전긍긍하고 노심초사한다. 하지만 그런 걱정은 버리는 게 좋다. 설령 말을 잘하지 못한다고 하더라도 당신을 질책하거나 비난할 사람은 아무도 없다.

그러니 기회가 되는 대로 '말하기'를 연습해보자. 주변을 잘 둘러보면 말하지 않아도 되는 곳은 하나도 없다. 관련 모임이나 행사에 의식적으로 참여해서 훈련해보는 것도 좋다. 정 힘들면 누군가의 말에 몇 마디 덧붙이는 것으로 말하기를 시작해보자. 회의 시간에 늘 구석에만 앉지 말고 용감하게 앞으로 나오거나 손을 들어 발언해보자. 그래야만 자신의 부족한 점이 무엇인지 깨닫고 조금씩 고쳐나갈 수 있다.

당신의 말에
교양을 녹여라

교양 있는 사람은 말투에 성품이 고스란히 드러난다. 남에게 존경받고 사랑받는 사람이 되고 싶다면 당신의 말에 교양을 녹여라.

태어날 때부터 말을 잘하는 사람은 없다. 말솜씨는 후천적인 연습의 결과다. 말을 잘하려면 생각과 언어, 행동과 자세, 정서와 감정 등 각 방면에서 종합적인 훈련이 필요하다. 그래서 말솜씨를 키우는 것은 일종의 내면을 수양하는 과정과도 같다. 하지만 안타깝게도 많은 사람이 단순히 눈에 보이는 요령만 갈고닦으려고 한다. 그 결과 입을 여는 순간, 어쩌면 있었을 법한 호감은 온데간데없이 사라진다.

번화가의 커피전문점에 한 여성이 들어왔다. 뽀얀 피부, 긴 다리, 뚜렷한 이목구비가 사람들의 시선을 사로잡았다. 그녀는 커피를 주문한 후 테이블이 위치한 곳으로 가서 자리를 잡고 앉았다. 누군가를 기다리는 모양이었다.

잠시 후, 한 여성이 그녀에게 손 인사를 건네며 들어왔다. 그런데 그녀가 입을 여는 순간 사람들이 눈살을 찌푸렸다.

"대박! 이 가방 개예쁘다. 새삥이지? 어디서 샀어? 얼마야? 개비싸지?"

실내에 쩌렁쩌렁 울리는 그녀의 목소리에 주변에 있던 사람들은 불편함을 느끼고 얼굴을 찌푸렸다.

새로 산 옷을 예쁘게 차려입고 나온 당신에게 남자친구가 "이 옷 얼마 주고 샀어? 비싸지? 안 어울려. 당장 환불해!"라고 말한다면? 좋아하는 드라마를 보려고 텔레비전 앞에 앉았는데 남편이 "드라마는 머리에 든 것 없는 여자들이나 보는 거야. 대체 왜 이런 데다 시간을 낭비하는 거야? 뉴스나 틀어."라고 말한다면?

이런 사람들은 입만 열면 늘 부정적인 얘기만 한다. 교통비가 올랐다거나, 라면값이 또 올랐다거나. 음식이 짜다거나 누구를 만나도 부정적인 이야기가 불쑥불쑥 튀어나온다.

주변 사람들도 처음에는 좋게 생각해보려고 한다. '직설적인 데다 성격이 좀 시원시원한 사람'이라거나 '요즘 사는 게 좀 힘들어서 그런가 보다'라고 생각한다. 그런데 한두 번은 그렇게 지나갈 수 있지만 매번 만날 때마다 그러면 그 사람의 수준을 의심한다. 늘 입에 부정적인 말만 달고 사는 사람은 주변에 친구가 없다. 자기 혼자만 기분이 나쁜 게 아니라 그 에너지를 주변 사람에게도 전가해서 그들의 기분까지 망치기 때문이다. 그런 사람은 감성지수가 떨어지는 거라고 해석할 수밖에 없다.

사람을 만날 때 상대방을 편안하게 해주는 것은 사교의 가장 기본적인 덕목이다. 말하기는 일종의 능력이기도 하지만 한 사람의 됨됨이를 모두 반영하는 하나의 '예술'이라고도 할 수 있다. 언어는 그 사람의 내면세계를 그대로 반영하는 거울이다. 그래서 속으로 무슨 생각을 하느냐에 따라 말이 달라진다. 그 거울을 통해 우리는 평소에 보기 힘든 것들을 보게 된다. '언어는 마음의 소리'라는 말처럼 한 사람의 언행을 통해 그 사람의 생각과 감정, 교양 수준을 판단할 수 있다. 다시 말해 언어는 그 사람의 수준을 평가하는 척도다.

가치관, 철학, 행동 방식, 마음의 크기, 교양, 도덕 수준, 기질적인 특성, 성격 등은 입을 여는 순간 상대에게 그대로 드러난다. 자기만 생각하는 사람은 말할 때 상대를 비하하고 무시한다. 그런 사람이 남들에게 사랑받기는 힘들다.

당신의 가치관, 철학, 행동 방식, 마음의 크기, 교양, 도덕 수준, 기질, 성격 등은 당신이 입을 여는 순간 그대로 드러난다. 예컨대 자기가 단연 최고라고 생각하는 상대를 낮게 보는 경향이 있어 말을 할 때도 그대로 드러난다. 아무리 달변이라 한들 누가 이런 사람과 대화를 하고 싶어 하겠으며, 말을 잘한다고 하겠는가. 말을 잘하는 사람, 함께 대화하고 싶은 사람이 되려면 경험을 넓히고, 경력을 쌓고, 인생을 고찰할 줄 알아야 한다. 내면이 채워지고 수준도 올라가면 말솜씨도 좋아지기 때문이다.

제2장

상대의 마음을 읽는 법

당신이 사용하는 말에 당신 마음의 그릇이 담겨있다. 말에는 그 사람의 됨됨이가 드러난다. 목소리와 말투, 말의 높낮이와 제스처, 상대가 주로 관심 갖는 화제를 통해 그 사람의 기질과 성격을 알 수 있다.

말투로
사람의 기질을 알 수 있다

상대가 하는 말을 잘 듣고, 말투를 관찰하면 그 사람의 기질이나 성격에 대해 알 수 있다. 특히 말투는 곧 성격일 때가 많으므로, 말투를 잘 살펴보자.

말투에 정말 그 사람의 성격이 드러날까? 결론부터 말하자면 그렇다. 정도의 차이는 있지만, 사람마다 성격을 알아챌 수 있는 비밀의 '치트키'가 숨겨져 있다. 그래서 정말 말을 잘하는 사람들은 상대와 몇 마디만 주고받아도 그 사람의 성격이나 기질을 대략적으로 파악해낸다.

한 공간 디자인 회사에서 조경 디자인 프로젝트를 진행하게 되었다. 성공적인 프로젝트를 위해 회사 대표 조이는 업계에서 알아주는 유명 디자이너에게 고문 역할을 부탁하기로 했다. 그런데 문제는 그 디자이너가 나이도 지긋한 데다 괴팍하기로 소문이 자자한 인물이라는 점이었다. 회사에서 몇 차례 담당자를 보내 그와의 미팅을 시도해보았지만 번번이 거절당했다. 결국 조이가 직접 나서서 그를 찾아가 담판을 짓기로 했다.

그 전에 조이는 그를 잘 아는 사람들을 수소문해 그가 단청丹青 미술에 관심이 많다는 정보를 입수했다. 조이는 성공적인 미팅을 위해 중국 미술사를 공부하며 사전 지식을 쌓았다. 그리고 그와 만났을 때 특별히 나누고 싶은 내용은 신경을 써서 암기했다.

마침내 그의 집을 방문하는 날이 되었다. 그는 현관문을 열고 들어서는 조이에게 무표정으로 인사를 건넸다. 하지만 조이는 당황하지 않았다. 그런 반응을 충분히 예상했기 때문이다. 그를 따라 들어간 서재의 책상 위에는 마침 그가 완성한 것으로 보이는 그림이 놓여있었다.

"화풍이 우아하면서도 단정하네요. 고즈넉하고 평온해요. 정말 보기 힘든 걸작입니다."

조이의 칭찬에 그의 표정이 한층 밝아졌다. 마음이 통하는 친구를 만난 듯한 얼굴이었다. 둘의 대화는 물 흐르듯 자연스럽게 이어졌고, 마침내 그는 조이의 제안을 받아들여 프로젝트의 고문을 맡기로 했다.

상대의 '입맛'에 잘 맞는 대화를 나누면 그 사람의 성격과 관심사, 습관과 평소 말투까지 알아낼 수 있다.

예컨대 자꾸 자기 이야기를 하고 싶어 하는 사람들은 외향적인 성격에 본인의 성취를 자랑하기 좋아하고 어느 정도 허세가 있는 경우가 많다. 이런 사람들을 만났을 때는 내가 굳이 묻지 않아도 그의 커리어와 개성, 가치관 등에 대해 꽤 많이 알 수 있다. 반대로 개인적인 이야기를 잘 하지 않는 사람들이 있다. 대개는 내향적이고, 조심스러우며 쉽게 친해지지 않는 편이다. 성질이 급하면 말이 빠르고, 직설적이며 호탕하고 사람 사귀는 걸 좋아할 때가 많다. 호언장담하고 단정적으로 말하는 사람은 자신감이 넘치다 못해 교만한 경우가 많다.

그래서 말을 할 때는 상대의 직업과 직위, 경력과 성격, 기분 등에 따라서 유연하게 대화 방식을 바꾸어야 한다. 상대와 현 상태와 전혀 맞지 않는 방식으로 말을 한다면 당신이 기대하는 대화의 효과를 끌어낼 수 없다. 상황에 따라 말을 적절하게 잘하는 것도 능력이다.

목소리로 상대의 심리를 알 수 있다

표정, 제스처, 사용하는 단어 등으로도 그 사람의 생각을 파악하기 어렵다면 목소리에 귀를 기울여라. 목소리에는 그 사람의 희로애락이 담겨있다.

얼굴을 보지 않고 목소리만 들어도 내가 아는 사람인지 아닌지, 그가 누구인지 가려낼 수 있다. 원리는 간단하다. 사람의 목소리에는 각자의 특성이 담겨있기 때문이다. 밝은 목소리, 낮은 목소리, 날카롭고 예민한 목소리, 무거운 목소리 등 목소리의 종류는 매우 다양하다. 키가 크고 덩치는 산만한데 목소리가 아주 가는 사람이 있는가 하면, 키는 작고 몸집은 왜소한데 목소리는 걸걸하고 힘이 넘치는 사람도 있다.

소리라는 것은 공기뿐 아니라 당시 말하는 사람의 기분과도 밀접한 관련이 있다. 목소리의 굵기나 길이, 높낮이와 속도 등의 변화 역시 그 사람의 개인적인 특징과 밀접하게 연관된다. 목소리를 들으면 그 소리의 주인공이 번뜩 떠오르는 이유도 그것이다.

그래서 표정이나 제스처, 상대가 사용하는 단어나 어휘 등으로 심경을 파악하기 힘들면 목소리를 통해 정서의 변화를 가늠할 수 있다. 목소리는 사람의 마음을 간파할 수 있는 중요한 단서가 될 뿐 아니라 그 사람의 성격을 고스란히 담아내는 매개이기도 하다. 심지어 목소리만으로 상대의 교양 수준이나 지적 능력까지도 구분할 수 있다.

일반적으로 마음이 편안하고 즐거울 때는 목소리도 명랑하고 깨끗하다. 내면이 편안하고 고요할 때는 목소리에도 편안한 정서가 그대로 묻어난다. 흥분되는 일이 생기면 목소리도 덩달아 흥분한다.

한숨을 자주 쉬는 사람은 대부분 강한 열등감을 느끼고 스트레스를 풀어내는 힘이 약하며 실패를 잘 직시하지 못한다. 그들은 보통 실패의 원인을 자기 자신이 아닌 외부 환경에서 찾으려고 하며 이로써 자기 위안으로 삼는다. 말투가 차분하고 묵직한 사람은 인격이 성숙한 사람들로 세상일과 사람들의 심리를 비교적 잘 파악하고 경험이 많다. 책임감도 강하다.

목소리는 사람의 직업과 가치관, 꿈을 판단하는 데도 도움이 된다. 목소리에 힘이 있고 당찬 사람은 열정이 가득한 유형으로 예술가 기질이 다분하며 감각이 예민한 경우가 많다. 반면 차분하고 굵은 목소리의 주인공들은 비교적 현실적이고 적응력이 강하며 성숙한 인격을 지녔다. 목소리가 까랑까랑한 사람은 활력이 넘치고 에너지가 충만하며 대부분 외향적이다. 목소리가 부드럽고 안정적인 사람들은 조리 있게 일을 차근차근 처리하며 인내심이 강하다. 일단 목표를 한 번 정하면 끝까지, 묵묵하게 해낸다.

목소리는 사람의 내면세계는 물론 정서와 마인드를 그대로 드러낸다. 따라서 누군가를 새롭게 사귀거나 상대를 설득시켜야 할 일이 있다면 먼저 그 사람의 목소리를 정확히 파악하는 연습을 해보자. 이는 당신의 소통 능력을 향상시키는 데 많은 도움이 될 것이다.

말의 이면에 숨겨진 소리를 읽어내자

상대의 말 이면에 담긴 의미와 소리를 읽어내야만 소통의 진정한 목적을 이룰 수 있다. 이를 알아채지 못하는 사람은 다른 이에게 어리석고 우스운 꼴만 남긴다.

현명한 사람은 자신의 감정과 생각을 표현할 때 직접적으로 말하지 않고 여러 의미를 담아 다른 방법으로 표현한다. 특히 상대가 잘못이나 실수를 저질렀을 때 그것을 조금 에둘러 지적하면 듣는 사람도 더 잘 받아들이게 마련이다.

미국 역사상 가장 언변이 훌륭한 목사이자 연설가로 꼽히는 헨리가 세상을 떠나자 레이먼은 상심에 빠진 목사들을 위한 기도회에 설교자로 초청받았다. 중요한 자리였기에 그는 누가 들어도 훌륭한 설교를 하기 위해 원고를 수정하고 또 수정했다.

행사 며칠 전, 그는 아내에게 먼저 설교를 들려주었다. 그런데 아내는 내용이 마음에 들지 않았다. 원고는 형편없었다. 다행히도 그의 아내는 매우 현명한 사람이었다. 그렇지 않았다면 레이먼은 이런 핀잔을 들었을지도 모른다.

"여보, 대체 무슨 말을 하고 싶은 거예요? 내일 이렇게 설교했다가는 사람들이 다 자겠네요. 아니, 당신은 목회를 그렇게 오래 했으면서 겨우 이렇게밖에 못해요? 욕이나 안 먹으면 다행이겠네요."

하지만 그녀는 그렇게 말하지 않았다.

"음…. 여보, 제 생각엔 이 원고를 출판사나 신문사에 보내면 아주 좋아할 것 같아요."

레이먼은 곧바로 아내의 숨은 뜻을 알아차렸고, 열심히 준비한 원고를 조용히 쓰레기통에 버렸다. 그리고 며칠 뒤, 아주 자연스러우면서도 귀에 쏙쏙 꽂히는 설교로 사람들의 극찬을 받았다.

레이먼이 아내의 말을 아무런 거부감 없이 받아들일 수 있었던 이유는 무엇일까? 그녀는 그가 사용한 어휘와 표현들을 칭찬하면서도 그것이 한 편의 글로는 적합하지만 설교에는 적합하지 않을 것 같다는 말을 둘러서 잘 전달했기 때문이다. 그래서 레이먼은 기꺼이 그녀의 말을 따랐다.

이렇듯 상대를 설득하거나 권고해야 할 때 간접적이면서도 완곡한 표현을 사용하면 원하는 목표를 달성할 수 있다. "북은 소리를 들어야 하고, 말은 뜻을 알아채야 한다."라는 옛말처럼 대화를 나눌 때는 단순한 '문자' 그 이상의 의미를 알아챌 수 있어야 한다. 똑똑한 사람은 말하는 사람이 쓰는 단어와 어휘 이면에 담긴 본심을 읽어낸다.

이웃이 "따님은 매일같이 너무 피곤하겠어요. 매일 밤 11시 넘어서까지 피아노 연습을 하는 것 같더라고요."라고 말했다고 하자. 평범한 안부 인사처럼 들리지만 그 이면에는 밤늦게까지 피아노 연습하는 걸 자제해달라는 뜻이 담겨있다. 눈치 있는 사람이라면 이를 빨리 알아차릴 것이다.

특히 직장에서는 상사가 하는 말과 그 이면에 담긴 진심을 잘 알아듣는 것이 매우 중요하다. 이는 우수한 인재로 거듭나는 데 없어서는 안 될 필수 요소다. 이러한 능력이 없는 사람과 대화를 나누는 건 실로 어려운 일이다.

한 프랑스계 기업에서 있었던 일이다. 다른 직원들에 비해 학벌은 좀 떨어지지만 언제나 솔선수범하고 성실한 S가 있었다. 팀장은 이런 S를 조용히 눈여겨보았다. 그러고는 프랑스 출장 건이 생기자 S를 동행자로 지목했다.

동료들은 술렁였다. 프랑스 출장은 모두가 욕심을 내는 기회였기 때문이다. 팀장은 일부러 직원들 앞에서 물었다.

"S군! 자네 프랑스어 학원 오래 다녔댔지?"

그러자 S가 대답했다.

"네, 그래도 썩 잘하지는 못합니다"

그 순간, 옆에 있던 다른 직원이 번쩍 손을 들었다.

"팀장님, 저는 프랑스어를 전공했습니다."

S는 그제야 상사의 말뜻을 알아차렸다.

직원들의 프랑스어 실력은 고만고만했다. 하지만 상사는 이번에 특별히 S에게 커리어를 쌓을 기회를 주고 싶었다. 그렇지만 그는 상사의 질문 이면에 담긴 뜻을 파악하지 못했고, 결국 기회를 고스란히 날려버렸다.

이렇듯 상황에 따라 상대가 하는 말의 뜻을 잘 파악하는 것은 매우 중요하다. 그 상황에서 그 사람이 굳이 그 말을 한 진짜 이유를 알아차려야 한다. 이를 알아차려야만 소통의 진정한 목적을 이룰 수 있다. 이를 알지 못하면 다른 사람 눈에 어리석고 우스운 꼴만 남길 뿐이다.

말의 빠르기로 상대의 내면을 읽어낼 수 있다

대화를 하며 생각을 교류하기도 하지만 마음 상태와 감정, 마인드도 공유할 수 있다. 그중에서도 말의 빠르기를 통해 상대의 심리 상태를 어느 정도 파악할 수 있다.

말의 여러 특징 가운데 하나인 속도를 통해 그 사람이 얼마나 예민하고 민감한 사람인지 파악할 수 있다. 일반적으로 말이 빠른 사람은 똑똑하고 영민하며 언사에 능한 편이나 말이 느린 사람은 대부분 말주변이 없다.

그런데 누군가가 예전과는 확연히 다른 말솜씨나 말투를 쓴다면 심경이나 주변 환경에 큰 변화가 일어났을 가능성이 크다. 예를 들어 평소에 말을 똑 부러지게 잘하던 사람이 갑자기 말을 더

듬거리거나 우물거리는 경우, 혹은 말주변이 없고 쑥스러움을 많이 타던 사람이 갑자기 조리 있게 말을 잘한다면 혹시 무슨 일이 생긴 건 아닌지, 심리적으로 큰일을 겪은 건 아닌지 생각하게 된다.

자기 자신에게 불만이 있거나 적개심이 있는 사람은 무의식적으로 말을 느리게 한다. 반대로 거짓말을 하거나 무언가 숨기고 싶은 것이 있는 사람은 말을 빨리한다. 상대에게 용서를 구하거나 관심을 끌려는 사람도 말이 빨라질 뿐 아니라 서로의 관계를 친밀하게 만드는 화제를 찾으려고 애쓴다.

직장 혹은 대인관계에서도 마찬가지다. 평소에 말수가 적었던 사람이 갑자기 말을 많이 하면 주변 사람들의 특별한 관심을 사게 된다.

평소에 말수가 적고 목소리도 작은 편집장이 있었다.

하루는 그녀가 한 작가와 통화를 하는데 이야기가 끊이질 않았다. 작가는 참 신기한 일이라고 생각했다. 그녀의 말이 끝나길 기다렸던 작가가 물었다.

"편집장님, 그런데 오늘은 참 이상하네요? 평소랑 좀 다르신 것 같아요!"

그러자 편집장이 쑥스러운 듯 웃으며 말했다.

"아, 사실 오늘 제가 승진했거든요."

비록 그녀의 표정은 보이지 않았지만 얼굴에 미소가 가득하다는 건 충분히 알 수 있었다. 그 뒤로 둘의 관계는 매우 가까워졌다.

정리하자면 발화發話 속도는 말하는 사람의 당시 심리 상태를 미묘하게 담아낸다. 그래서 상대의 발화 속도에 주의를 기울이면 그 사람의 심경이 어떻게 변하는지 알아챌 수 있다. 이에 대한 이해가 부족하면 말하는 사람의 태도와 감정, 의도를 파악하기가 어렵다.

말의 높낮이에
그 사람의 성격이 담겨있다

목소리의 크기도 그 사람의 성격을 파악하는 중요한 단서다. 가족과 친구, 본인의 목소리와 평소 언어 습관을 관찰해보면 "목소리에는 그 사람이 들어 있다."라는 진리를 깨닫게 된다.

목소리는 말하는 사람의 심리와 밀접한 연관이 있다. 목소리의 높낮이나 빠르기, 무게나 길이 등에 변화가 나타나면 이는 곧 그 사람의 심리에 변화가 일어났다는 의미이기도 하다. 이것은 목소리로 사람을 구별해내는 아주 기본적인 요소다.

그렇다면 목소리의 높낮이는 그 사람의 심리 및 성격과 어떤 연관이 있을까?

먼저 목소리가 당찬 사람은 대부분 성격이 쾌활하고 호탕하며 사람을 대할 때 매우 진실하다. 대부분 직설적이어서 남들에게 미움을 사는 일이 종종 있지만, 정작 자신은 그 사실을 잘 모른다. 이런 사람들은 품행이 단정하고 사람들 앞에 나서는 걸 좋아하며 리더십과 책임감이 강하다. 그래서 상사들에게 신임을 많이 받는 편이며 함께 일하는 동료나 파트너가 많이 의지한다.

반대로 목소리가 지나치게 작은 사람은 보통 자신감이 부족한 경우가 많다. 그들은 간혹 아주 사소한 일 때문에 주변 사람과 다투거나 심하면 그 사람과 인연을 끊기도 한다. 사람을 대할 때 속내를 잘 드러내지 않아서 마음 맞는 진짜 친구를 사귀기도 어렵다.

말하다가 목소리가 작아지는 사람은 상처를 잘 받는 경향이 있다. 마음대로 일이 잘 안 풀릴 때 그것을 이겨내는 저항력이 부족한 것인데 이는 일종의 자신감 결여로 나타난 반응이다. 어떤 일을 처리할 때 스스로 능력이 모자란다고 생각되면 목소리를 줄임으로써 자신을 숨기려고 한다.

반면 갑자기 목소리가 당당해지는 사람들은 평소에 인내심이 강하고 생각이 많다. 그들은 상대가 무슨 말을 하든 경청하며 특히 본인이 잘 이해하지 못하는 문제에 관해서는 언제든지 질문이나 이의를 제기한다. 그렇지만 이런 사람들은 고집스러운 면모가 있어서 일단 어떤 제안을 했는데 상대가 거기에 잘 따라주지 않는 경우 다툼이 일어나기도 한다.

목소리 데시벨이 항상 높은 사람들은 자신을 드러내길 좋아하며 사람들에게 관심받는 걸 좋아한다. 자신의 행동, 말 하나하나에 굉장히 신경 쓰는 유형으로 허영심이 강한 편이다. 하지만 사실은 다른 사람에게 어떻게든 좋은 인상을 남기고 싶어 하는 심리가 내면에 깔려있다. 그렇지만 진솔함이 부족하다는 이미지 때문에 얻는 것보다는 잃는 게 훨씬 많다.

정리하자면 목소리는 한 사람의 성격을 판단하는 중요한 근거이다. 그래서 가족이나 친구, 혹은 본인의 목소리와 평소 말하는 습관에 주목하면 "목소리가 사람을 담아낸다."라는 진리를 깨닫게 된다.

신체언어에 당신에 대한 '힌트'가 담겨있다

대화는 정보를 전달하는 중요한 교류 방식이고, 신체언어 또한 정보를 전달하는 일부이다. 주의할 점은 그것이 언제나 긍정적인 신호를 전달하는 것은 아니라는 점이다.

사람들은 타인의 신체언어에 민감하다. 미소, 눈 깜빡임, 악수, 어색한 분위기, 심지어 뭔가 무시하는 듯한 눈빛 하나까지 논란의 대상이 된다. 표정과 제스처, 자세와 복장, 메이크업과 액세서리 등이 한데 합쳐지면 당신과 관련한 일련의 정보를 상대에게 '송출'하는 것과 같다. 신기한 건 사람들은 타인의 신체언어를 통해 그 사람의 진급 여부나 데이트 신청 등 사소한 일의 결과까지도 예측할 수 있다는 점이다.

A는 취직한 지 얼마 되지 않았다. 그런데 팀장이 다른 신입 사원들에게는 인사도 잘하고 살갑게 대해 주었지만 A한테는 눈길도 잘 주지 않았다.

"나는 지각도 안 하고 결근도 안 해. 하라는 일은 군소리 없이 끝내고. 그런데 왜 나한테는 말도 잘 안 걸고 웃어주지도 않을까?"

A의 전화를 받은 친구가 천천히 말했다.

"일을 제대로 하고 있는 게 맞는다면…, 아마도 네 습관에 답이 있을지도 몰라."

그녀는 평소 미간을 찌푸리는 습관이 있었다. 특히 일이 마음대로 잘 풀리지 않으면 그 버릇이 더욱 도드라지곤 했다. 무의식적으로 나오는 습관이었지만 다른 사람들의 눈에는 기분이 안 좋다는 신호로 보이기 십상이었다. 그래서 주변 사람들에게 종종 오해를 샀고 사람들은 그런 표정을 짓는 그녀 곁에 가는 걸 꺼렸다. 이런 나쁜 습관 때문에 그녀를 향한 사람들의 오해는 더욱 깊어졌다.

"무슨 말을 할 때나 지시를 내렸을 때, 네가 입으로는 알겠다고 하면서 속으로는 못마땅해한다는 걸 팀장이 눈치챘을 거야."

신체언어는 우리가 생각하는 것보다 대화에 미치는 영향이 훨씬 크다. 그렇지만 우리는 그것을 너무 습관적으로 사용해서 신체언어의 중요성을 자주 망각한다. 그러므로 가끔은 하던 일을 멈추고 자신의 상태를 돌아보는 것이 좋다. 혹시 등이 너무 굽어 있진 않은지, 몸을 너무 꼬고 있진 않은지, 의자에 앉아 있는 자세가 너무 흐트러져있진 않은지 등을 의식적으로 점검해보자.

모든 사람은 걷는 자세, 서 있는 자세, 앉아 있는 자세 등이 다 다르다. 그런데 이런 자세들이 타인에게는 정보를 전달하는 일부가 될 수 있다. 주의할 점은 그것이 언제나 긍정적인 신호를 전달하는 것은 아니라는 점이다. 평소에 주의해야 할 신체언어에는 어떤 것들이 있는지 함께 알아보자.

1. 과장된 손짓

적절한 손짓은 리더십과 자신감을 보여주는 데 효과적이다. 하지만 너무 과하면 과장이 심하다는 느낌을 준다.

2. 계속 시계 보기

걱정거리나 지금 급하게 처리해야 할 중요할 일이 있다는 뜻이다.

3. 상대와 거리 두기

상대와 멀찍이 서 있거나 거리를 두고 앉는다면 상대에게 별로 호감이 없거나 그 사람의 말을 신뢰하지 않는다는 뜻이다. 반면 가까이 가는 것은 호감의 표시고, 그 사람의 말을 잘 듣고 싶다는 뜻이다.

4. 팔짱 끼기

상대에게 마음을 완전히 열지 않았다는 뜻이다.

5. 과장된 끄덕임

자신의 진짜 속내를 숨기기 위해서일 때도 있지만 걱정과 근심이 있을 때 이런 행동이 잘 나온다.

6. 몸을 자꾸 움직이기

엉덩이를 들썩이거나 손으로 머리카락을 만지는 등 몸을 가만두지 못하는 것은 대화에 관심이 없거나 스트레스나 걱정이 있다는 뜻이다.

7. 시선 회피

대화 중에 시선을 마주치지 않는다는 것은 무언가를 숨기고 있거나 대화가 지루하다는 뜻이다. 또한 자신감이 없어서일 수도 있다.

8. 눈동자를 계속 굴리는 행동

이런 습관을 지닌 사람이 생각보다 많다. 본인은 그렇지 않다고 주장하더라도 이런 행동은 상대를 무시한다는 뜻으로 읽힐 수 있다.

9. 악수

너무 세게 잡으면 상대를 제압하려 하는 인상을 주고, 너무 약하게 잡으면 권위와 자신감이 없다는 느낌을 준다.

훌륭한 연설가는 신체언어에도 신경을 쓴다. 훌륭한 연설가는 못 되더라도 잘못된 습관만 다듬으면 당신도 새로운 이미지로 거듭날 수 있다.

화제에 따라
사람의 성격도 다르다

대화를 하다 보면 알게 모르게 내 자신을 상대에게 보이게 되고, 나 또한 상대를 보게 된다. 특히 대화의 소재나 내용은 그 사람에 대해서 많은 것을 알려준다.

일상의 모든 것이 대화의 소재가 된다. 그래서 대화를 할 때 상대가 어떤 이야기를 자주 하는지를 보면, 상대가 직접적으로 자신에 대해 이야기하지 않더라도 그 사람과 관련된 유익한 정보를 얻을 수 있다. 이야기 내용과 성격과의 관계에 대해 참고삼아 한 번 살펴보자.

1. 자기 이야기를 좋아하는 사람

본인의 경력이든 가정에서 일어난 일이든 자신에 관한 시시콜콜한 이야기를 좋아하는 사람은 보통 외향적인 성격으로 특히 공공장소에서 자신을 드러내길 좋아한다. 하지만 이런 사람들은 어느 정도 허세가 있는 편이다. 대중에게 자기 생각을 표현하길 좋아하는 사람은 대부분 강한 영향력이 있는 인물로 리더십이 있고 도전정신이 강하다.

2. 타인의 사적인 이야기를 좋아하는 사람

다른 사람에게 일어난 일에 관심이 많고 그런 얘기를 좋아하는 사람은 타인에 대한 지배감이 강하지만 리더십은 부족하다. 그들은 타인의 사적인 이야기, 특히 프라이버시를 공개하고 얘기하면서 심리적인 우월감을 느낀다. 하지만 그들은 항상 내면의 공허함을 느끼며 주변에 진심으로 자신을 아껴주는 친구가 없다.

3. 국가 대사에 관한 이야기를 좋아하는 사람

국가 정사, 대사에 관한 이야기를 좋아하는 사람은 시야가 매우 넓은 사람이다. 그들은 장기적인 안목과 거시적인 계획이 있는 경우가 많으며 작은 커뮤니티 안에 국한되려 하지 않는다.

4. 시시콜콜한 일상 이야기를 좋아하는 사람

이런 사람들은 편안하고 안정적인 일상을 즐기는 사람들로 평소 대인관계가 원만하고 논쟁이나 마찰이 적다. 그들의 인생에 있어서 최우선순위는 언제나 가정이기 때문에 가족관계나 가정생활과 관련한 문제를 현명하게 처리한다.

5. 돈에 관한 이야기를 좋아하는 사람

그들의 유일한 꿈은 돈이다. 다른 어떤 것보다 돈을 많이 버는 것이 그들에겐 가장 중요한 인생의 목표다. 그들은 돈이라면 무엇이든 할 수 있다고 착각한다. 그러나 이런 사람들은 내면에 불안감이 가득하고 삶이 매우 단조롭다. 그래서 아무리 많은 부를 쌓는다고 해도 여전히 부족함을 느끼며 삶에서 행복과 즐거움을 느끼지 못한다.

6. 자연 풍경에 관한 이야기를 좋아하는 사람

이런 사람들은 건강을 매우 중시하며 규칙적인 생활 루틴을 만들어 살아간다. 사람을 대할 때 매우 신중한 편이며 원칙을 중시한다.

7. 얕은 지식을 뽐내기 좋아하는 사람

눈만 높고 실속은 없는 사람들이다. 그들은 언제나 자기 생각이 가장 옳다고 주장한다. 늘 성장하고 싶어 하지만 자기 자신을 정확하게 인식하지 못하기 때문에 실제로는 큰 발전이 없다. 눈이 높아서 성공의 기회를 놓치는 경우가 많다. 자기만족에 취해 살아가는 사람들이다.

8. 미래에 관한 이야기를 좋아하는 사람

그들은 미래의 삶을 동경하며 삶에 열정을 가지고 항상 꿈을 꾸는 사람들이다. 자신의 꿈과 계획을 행동으로 옮기는 사람은 성공을 이뤄내지만, 꿈만 꾸고 아무것도 하지 않는 사람에겐 절대 아름다운 미래가 오지 않는다.

9. 아무에게나 불만과 원망을 쏟아내는 사람

만난 지 얼마 되지 않은 사람에게도 자신의 고민과 아픔을 잘 토로하는 사람이 있다. 상대에게는 솔직하고 진실하다는 이미지를 남길 수 있지만, 만일 한 사람이 아닌 여러 사람에게 똑같이 그렇게 얘기하고 다닌다면 절대로 진솔한 사람이라는 인상을 남길 수 없다. 오히려 시간이 지날수록 깊은 대화를 나누는 사람이 줄어든다.

10. 자꾸만 상대를 시험하는 사람

대답하기 어려운 문제나 상대가 민감하게 생각하는 문제를 자꾸만 끌어내는 것은 의심이 많거나 상대에 대한 신뢰가 없다는 뜻이다.

11. 관련 없는 이야기로 말을 끊는 사람

재미있게 이야기하고 있는데 갑자기 아무 연관 없는 화제로 맥을 끊는 사람이 있다. 이는 그가 당신의 이야기에 전혀 관심이 없다는 말이다. 이런 사람들은 강한 지배욕과 자기 과시욕이 있는 사람으로, 보통 독불장군 성격의 소유자들이 많다. 한번 말을 시작하면 끊을 줄 모르고 다른 사람이 끼어드는 걸 극도로 싫어한다.

말에는 그 사람의 마음이 담겨있다. 상대가 무슨 말을 하고 있는지에 관심을 기울이면 그 사람이 어떤 사람인지, 무엇에 관심이 있는지 판단할 수 있다. 화제 뒤에 숨은 진짜 의미를 알아낼수록 그만큼 얻어내는 정보도 많아지고 대화의 수준도 올라간다.

마음의 거리를 좁히는 법

'시작이 반'이라는 말은 대화에도 적용된다. 대화를 성공으로 이끄느냐, 아니면 실패로 몰아가느냐는 대화의 문을 어떻게 여는가에 달려 있다. 본론으로 들어가기 전, 대화를 어떻게 시작해야 할지 모르는 사람들을 위해 준비했다.

첫 30초에 승부를 걸어라

대화를 시작하는 첫 30초 동안 생각보다 많은 정보를 얻어낼 수 있다. 또한 매우 구체적인 이야기도 주고받을 수 있다. 첫 단추를 어떻게 끼우느냐에 따라 당신의 첫인상이 달라진다.

삶이 점점 바빠지면서 커피숍이라든지 공원, 바에 앉아 친구나 가족들과 수다를 떨며 시간을 보내는 일이 줄어들고 있다. 그러다 보니 사람을 만나는 일이 우연한 자리, 우연한 기회일 때가 많다. 그래서 상대와 만난 20초, 30초가 당신의 인상을 좌우하는 중요한 '골든타임'이 되었다. 그 짧은 시간 안에 뭘 할 수 있느냐고, 처음 보는 사람과 무슨 대화를 하느냐고 반문할 수 있겠지만, 당신이 어떻게 하는가에 따라서 만족스러운 대화를 나눌 수도 있다.

"이게 얼마 만이야!"

"반가워, 오랜만이네. 참, 나 지난 주말에 네가 재밌다고 한 공연 봤어. 정말 재밌더라."

"그 공연 아직도 해?"

"크리스마스 때까지 한다던데? 인기가 좋아서 연장한 것 같더라고."

"정말? 그럼 나도 한 번 더 보러 가야겠다!"

우연히 지나가다 만난 친구와 이런 식으로 대화를 나누면 약 30초가 걸린다. 아주 짧은 수다지만 바쁘게 돌아가는 현대 사회의 대화 스타일에 정말 잘 맞는다.

첫 30초를 잘 활용하기 위해 사용할 수 있는 요령은 여러 가지가 있다. 각각의 장소에서 이 요령을 적절히 활용하면 유쾌하면서도 편안한 대화를 나눌 수 있을 것이다.

1. "오늘 어땠어요?"

우리는 사소하고 일반적인 것을 놓치고 살아갈 때가 많다. 그런데 때로는 그 일반적인 것들이 최고의 효과와 효율을 내기도 한다. 많은 경우, 진심을 담은 안부 한마디, 거기에 더해진 따뜻한 미소가 가장 일반적이면서도 기본적인 대화의 시작이 된다. 이

간단한 안부 인사로 서로의 근황과 업무, 가정, 심지어 휴가 계획으로까지 이어지는 대화를 나눌 수 있다.

2. "목걸이 정말 예쁘네요!"

누구와 대화를 나누든 먼저 상대의 패션이나 액세서리 등을 진심을 담아 칭찬하면 순조로운 대화를 시작할 수 있다. 상대 역시 그 칭찬을 아주 기쁘게 받아들여 당신에게 칭찬으로 답할 것이다. 계속 대화를 이어가고 싶다면 "혹시 그 목걸이 어디서 산 건지 물어봐도 될까요? 너무 예뻐서요."라고 물어보는 것도 좋은 방법이다.

3. "여기는 항상 이렇게 줄이 길어요?"

다른 사람과 동시에 불쾌한 상황에 처한 경우, 혹은 불편한 일을 상대와 동시에 겪은 경우, 그에 대한 간단한 평가나 약간의 불만을 드러내면 둘 사이의 심리적인 거리가 가까워지는 효과를 볼 수 있다. 이 역시 대화를 시작하는 일종의 기술이다.

4. "이름이 정말 예쁘네요. 누가 지어주신 거예요?"

직장이나 비즈니스 회의, 각종 행사에서는 자신의 이름이 쓰인 명찰을 착용한다. 만일 상대의 이름이 아주 재미있거나 특이한 경우, 그 이름에 관해 대화를 시작해보자. 그러면 상대도 누가 지어준 이름인지, 뜻은 무엇인지 설명해줄 것이다.

5. "혹시 그 이야기 알아요?"

재미있고 유쾌한 에피소드를 많이 알고 있다면 대화를 어떻게 지속해야 할지, 얼마나 지속해야 할지 걱정할 필요가 없다. 상대가 당신의 말에 먼저 집중하게 만들면 대화는 자연스럽게 이어질 것이다.

6. "지금 드시는 메뉴가 뭔가요?"

대화를 나누고 싶은 상대가 무언가를 먹거나 마시는 상황이라면 그게 어떤 음식인지 직접 물어보는 것도 좋은 방법이다. 사람들은 보통 먹고 마시는 것에 관한 이야기에는 관대한 편이다. 상대가 대답해준다면 "저도 햄버거 정말 좋아하거든요.", "저도 같은 걸 마셔야겠네요."라고 말하며 대화를 이어가도 좋다. 그걸 계기로 당신을 소개해보자. 물론 마음을 녹이는 미소를 더하는 것도 잊지 말자.

어렵지 않은 방법들이지만 어떤 사람에게는 쉽지 않을 수 있다. 평소에 누굴 만나든지 두루 사용할 수 있는 짧은 대화들을 미리 머릿속에 저장해두자. 그러면 갑작스럽게 만난 사람과도 어색하지 않게 대화를 나눌 수 있다. 준비한 내용이 많을수록 대화는 순조롭게 진행될 것이며 당신의 사교 능력도 향상될 것이다.

인사말은
본론으로 들어가는 통로다

인간관계의 기본, 대화의 기본은 인사다. 그런데 빨리, 좀 더 친밀해지고 싶은 마음에 아무 말이나 하다 보면 상대의 마음을 상하게 할 수도 있다.

때와 장소에 맞는 인사말은 분위기를 부드럽게 만들어줄 뿐 아니라 난처하고 당황스러운 관계를 풀어주는 데도 매우 효과적이다. 반대로 적절하지 않은 인사말은 분위기를 얼어붙게 만든다.

3년 전 미용실을 개업한 한 씨는 피치 못할 사정으로 친구에게 가게를 넘겨주게 되었다. 사업자 명의를 변경하려고 세무서에 간 한 씨는 번호표를 뽑고 순서를 기다리고 있었다. 그때 옆에 앉아 있던 여성이 말을 걸었다.

"저는 사업자 등록하러 왔는데, 선생님은 무슨 일로 오셨어요?"

"저는 사업자 명의 변경을 하러 왔어요."

한 씨의 말에 그 여성이 다시 말했다.

"사업자 명의 변경이요? 드문 경우네요. 제가 알기로는 그런 업무를 처리하러 온 사람은 많지 않을 거예요. 이것도 혼인 신고랑 똑같다고 생각해요. 혼인 신고하는 사람에 비하면 이혼 신청을 하는 사람은 많지 않잖아요."

별생각 없이 이야기를 듣던 한 씨는 점점 기분이 나빠졌다. 그녀가 미용실을 넘기게 된 것은 지난달에 이혼 때문이었다. 전 남편과 공동명의로 개업한 미용실을 계속하고 싶은 마음은 없었다.

"본인이 하기 싫거나 적임자가 나타나서 비싼 값에 넘긴다면 좋겠지만 현실은 그렇지 않을 때가 많으니. 모쪼록 좋은 일로 넘기는 거면 좋겠네요."

점점 굳어가는 한 씨의 얼굴을 보고 여성은 자기가 뭔가 하지 말아야 할 말을 했다는 걸 깨달았다. 그렇지만 뭘 잘못 말했는지 정확히 알지 못했기에 어떻게 사과해야 할지도 몰랐다. 한 씨 역시 그녀가 자신의 상황을 알고 그런 말을 한 것은 아니란 걸 알았으므로, 애써 자료들만 뒤적거리기만 할 뿐 더는 그녀를 쳐다보지 않았다.

인사말은 때와 장소에 따라 어떤 소재를 사용하느냐가 정말 중요하다. 보통 날씨나 상대에게 해가 되지 않는 농담, 건강, 최근의 사회적 이슈 등을 소재로 삼는 것이 적절하다.

내용에도 신경을 써야 한다. 만약 병원 복도에서 퇴원 수속을 마친 환자와 간호사가 마주쳤는데 간호사가 "시간 될 때 또 오세요!"라는 인사를 건넨다면 듣는 사람은 매우 불쾌할 수 있다. "건강 조심하세요. 규칙적으로 식사하시고 꾸준히 운동하시면 점점 더 좋아지실 거예요. 우리 다시는 병원에서 보지 말아요."라고 인사를 건넨다면 상황은 완전히 달라진다.

때를 가릴 줄도 알아야 한다. 아무 때나 인사말을 건네는 것도 적절하지 않다. 상대가 비교적 한가할 때, 그에게 방해되지 않을 때 인사를 건네도록 하자. 엘리베이터를 탔는데, 먼저 엘리베이터에 타고 있던 동료가 휴대전화를 보면서 뭔가에 집중하고 있는 상황이라면 굳이 인사를 건넬 필요는 없다. 눈이 마주치면 가볍게 목례를 하거나 미소로 인사를 대신하면 된다.

길게 말할 필요도 없다. 간단하게 뜻만 전하거나 두세 마디로도 큰 효과를 볼 수 있는 것이 바로 인사말이다. 인사를 건넬 때는 상대의 표정에도 주의를 기울이자. 상대가 난감한 얼굴이거나 뭔가 급한 일이 있는 것 같은 표정이라면 다음에 이야기를 나누는 것이 인지상정이다.

악수는 가장 직접적이고도 친밀한 스킨십이다

악수는 굳이 말하지 않아도 당신의 친절함을 나타낼 수 있는 좋은 방법이다. 적절히 사용하면 상대의 신뢰감을 높일 수 있다. 악수는 누군가를 만났을 때 가장 흔히 사용하는 인사법이다.

사람의 매력은 준수한 외모뿐 아니라 수준 높은 내면을 통해서도 드러난다. 또 사람들이 흔히 사용하는 에티켓을 잘 숙지한 사람도 많은 이의 사랑을 받는데, 그중 하나가 바로 악수다. 고객과의 미팅이나 비즈니스 회의, 연회나 파티 등의 공식 행사나 사교 활동에서 악수는 자신의 매력을 잘 드러내는 효과적인 방법이다.

서양에서는 서로 허그를 하거나 볼에 입을 맞추는 등으로 반가움을 표현하지만, 동양에서는 가장 흔히 악수로 반가운 마음을 표한다. 누군가와 만나거나 헤어질 때 가볍게 서로의 손을 맞잡는 것만으로도 반가움과 아쉬움 등의 감정을 표현할 수 있다.

한 유명 기업에서 경력직 엔지니어 구인광고를 올렸다. 이에 지원자들이 몰렸고, 인사팀에서는 고심 끝에 최종적으로 두 명의 후보를 추려 대표에게 보고를 올렸다.

"그럼 월요일에 면접 약속을 잡으세요."

인사팀은 두 후보에게 대표의 지시를 전달했다. 월요일 아침이 되어 두 후보가 대표실에 들어왔고, 대표는 두 사람과 악수를 나눈 뒤 몇 마디를 주고받았다.

면접이 끝나자마자 대표는 A를 채용하라고 말했다. 인사팀 담당자가 A를 선택한 이유를 물었다. 그러자 대표는 아주 진지한 얼굴로 대답했다.

"악수를 하고 금방 알았습니다. A는 악수를 할 때 손이 매우 따뜻했어요. 세기도 적당했습니다. 말하는 것도 아주 자연스러웠죠. 자신감이 넘치고 의욕적이었어요. B는 악수를 하는데 손이 아주 차가웠어요. 제 손을 잡을 때 손에 힘도 없고 조금 떨리기도 했어요. 말을 할 때도 지나치게 조심스럽다는 인상을 받았어요. 과감하게 일을 처리해야 할 때 이 사람이 잘 해낼 수 있을지 확신이 서지 않더군요."

사람을 만날 때 가장 흔히 사용되는 인사 예절이 바로 악수다. 그렇다고 악수를 얕잡아봐서는 안 된다. 거기에도 여러 학문과 기술이 숨어있기 때문이다. 특히 처음 만난 사람과 나눈 악수는 그 사람의 첫인상을 결정하기도 한다.

상대에게 깊은 인상을 남기려면 어떻게 악수를 해야 할까? 아마 악수를 따로 공부해야 할 필요가 있냐고 묻는 사람이 많을 것 같다. 그렇지만 대화하기 전에 나누는 사소한 동작 하나로도 결과가 완전히 달라질 수 있다. 알면 유용한 다음 몇 가지 원칙을 기억하도록 하자.

(1) 상대에게 다가가기 전에 먼저 손을 내밀도록 하자. 만약 상대가 조금 멀리 떨어져 있다면 상대와의 거리를 한 걸음 정도까지 좁힌 뒤 손을 내미는 것이 좋다.

(2) 상대의 눈을 쳐다보며 인사를 나누자. 쑥스럽다고, 부끄럽다고 상대의 눈을 피해서는 안 된다. 상대의 눈을 쳐다봐야 당신이 온전히 그에게 집중하고 있다는 걸 알려줄 수 있다.

(3) 미소에 인색하지 마라. 가벼운 미소 하나로 따스함과 진솔함을 상대에게 전달해 호감을 살 수 있다. 미소를 짓는 게 힘

들다면 마음속으로 '이 사람은 정말 좋은 사람이야!'라고 생각하자. 그러면 자연스럽게 미소가 지어질 것이다.

(4) 악수를 할 때는 손바닥과 손바닥이 만나도록 꼭 잡는 것이 좋다. 단, 너무 세게 잡지 않도록 주의하자.

(5) 상대의 손을 잡을 때는 안부의 인사도 함께 건네자. "드디어 만나 뵙네요. 반갑습니다!"라는 등의 인사를 건네거나 "스미스 씨, 반갑습니다."라는 식으로 상대의 이름을 부르는 것도 좋은 방법이다.

(6) 여성이 남성에게 먼저 악수를 청하면 남성의 부담을 덜어줄 수 있다. 장소에 따라 호스트나 선배, 상사가 먼저 손을 내밀면 손님이나 후배, 부하 직원이 부담을 덜 느끼고 악수에 응할 것이다.

(7) 당신이 호스트인 경우, 손님이 도착했을 때 먼저 손을 내밀면 환영의 뜻을 전할 수 있다. 당신이 손님인 경우, 집을 나설 때 먼저 손을 내밀면 감사의 인사를 전할 수 있다. 만일 이 순서가 바뀌면 자칫 오해를 낳을 수 있고 현장 분위기가 어색해

질 수 있다.

(8) 사람이 많은 장소에서는 당신과 가까이 있는 몇몇 사람하고만 악수를 하고 멀리 있는 사람과는 가벼운 목례 정도만 나누는 게 좋다. 물론 난처한 상황을 피하려면 다른 사람에게 악수를 청하기 전에 그 사람이 부담을 느끼지는 않는지 한 번 더 생각해보자. 만일 상대가 당신과 악수하고 싶은 마음이 없어 보인다면 목례만 하는 게 예의다.

(9) 어떤 상황이든 악수를 거절하는 것은 무례한 행동이다. 어쩔 수 없는 특수한 상황이라면 "죄송해요. 지금 이 책상 때문에 막혀서 갈 수가 없네요. 만나서 정말 반갑습니다."라는 식으로 이유를 정확하게 설명하도록 하자.

목소리로
당신의 매력을 뽐낼 수 있다

목소리가 매력적인 사람은 시선을 사로잡는다. 마음을 울리는 목소리에는 생기가 가득하며 말하는 사람의 감정을 잘 전달하기 때문에 듣는 사람의 마음을 움직인다.

외모를 가꾸고 신경 쓰는 사람은 많지만 목소리를 훈련하고 가다듬는 사람은 많지 않다. 휴대전화 벨소리가 울리고 전화를 받는 순간, "여보세요?"라는 그 짧은 한마디에서도 우리는 엄청나게 많은 정보를 얻어낼 수 있다. 차갑고 냉랭한 목소리, 가식적인 목소리, 꾸며낸 목소리 등은 상대에게 불편함을 안겨주고 거리감을 느끼게 해서 대화를 가로막는다.

조설근의 장편소설 《홍루몽》의 제3회 〈임대옥의 상경〉에는 임대옥이 왕희봉을 처음 만나는 장면이 등장한다. "늦었습니다. 멀리서 온 손님을 처음 맞아봐서요."라고 말하며 다가오는 왕희봉의 목소리를 얼굴보다 먼저 듣게 된 임대옥은 가슴이 철렁 내려앉았다. '이렇게 무례하고 오만한 여인은 누구란 말인가?'라는 생각으로 그녀를 본 임대옥은 과연 영악한 속셈이 있는 그녀를 한눈에 알아본다. 목소리로 먼저 왕희봉의 진면모를 알아챈 것이다.

심리학자들은 목소리가 사람의 첫인상을 결정하는 데 미치는 영향력이 대략 38%에 달한다고 본다. 당신의 얼굴을 보지 않은 상태에서 목소리와 말투, 억양의 변화나 표현력만 듣고 당신이 신뢰할 만한 사람인지 아닌지를 판단한다는 얘기다. 목소리는 벌거벗은 우리의 '영혼'과도 같다. 태어날 때부터 당신에게 주어진 요소이지만 그것을 치명적인 매력으로 만드느냐, 아니면 치명적인 단점으로 만드느냐는 당신 손에 달려있다.

미국계 회사의 제품 영업팀에서 일하는 리사는 평소에 고객들과 대부분 전화 통화로 소통을 했다. 대부분 서로 만난 적이 없는 사람들인지라 불리는 칭호도 각각 달랐는데, 많은 사람이 그녀를 '여사'라고 불렀다. 하지만 그녀는 아직 결혼하지 않은 젊은 미혼 여성이었다. 리사는 그것 때문에 늘 스트레스를 받았다.

엘리도 같은 문제로 늘 고민이었다. 다만 그녀는 리사와는 반대로 너무 어려 보이는 목소리 때문에 스트레스를 받았다. 회사에 들어와 여러 해 동안 일했지만 아직도 종종 상대로부터 "혹시 고등학생 아니세요?"라는 질문을 받았다.

문제는 목소리에 있었다. 리사는 목소리가 굵고 낮아서 중년 여성일 거라고, 엘리는 목소리가 가늘고 높아서 미성년자라는 오해를 받았다. 목소리는 체내 기관을 통해 나오지만 감정, 나이, 성격 등 여러 요소가 반영된다. 이 말은 타고난 것이 전부가 아니라는 뜻이고, 훈련과 노력으로 바꿀 수 있다는 의미이기도 하다. 그런데 목소리를 훈련하는 사람은 매우 드물다.

"목소리는 타고나는 거잖아요. 그걸 어떻게 바꿔요?" 대부분은 그렇게 말할 것이다. 하지만 말투와 속도, 리듬과 높낮이 모두 바꿀 수 있다. 당신이 노력만 한다면.

영국의 대처 전 총리의 자서전에는 목소리 때문에 고민했던 일화가 담겨있다. 그녀뿐 아니라 그녀를 지지하는 유권자들도 톤이 높고 쇳소리가 나는 그녀의 목소리가 자신감과 결단력이 부족하다는 인상을 주며, 안정감이 없고 다소 가벼운 모습으로 비친다고 생각했다. 결론적으로 그녀의 목소리는 교양이 넘치는 여인의 모습과는 어울리지 않았고 한 국가의 리더와는 더 거리가 멀었다.

그래서 대선 전에 그녀는 전문가를 초빙해 이상적인 발성법을 배웠고, 경선이 진행되는 과정 중에도 꾸준히 발성 훈련을 했다. 모든 순간, 입을 열 때마다 그녀는 전문가가 가르쳐준 방법대로 말하려고 노력했다.

마침내 그녀는 안정적이면서도 온화하고, 우아하면서도 강인한 목소리를 낼 수 있게 되었고 발음도 더 분명해졌다. 거기에 절제된 표정까지 더해지면서 이성적이면서 권위 있고 품격 있는 국가의 지도자 이미지로 거듭났다.

대처 여사가 최종 경선에서 승리의 쾌거를 이뤄내기까지 얼마만큼 훈련하고 공부했는지는 정확히 알 수 없다. 하지만 그녀는 목소리란 훈련을 통해 바꿀 수 있으며 누구라도 그것이 가능하다는 사실을 자신의 경험으로 우리에게 증명해냈다.

만일 목소리에 자신감이 없고 수정해야 할 부분이 있다고 생각되면 다음의 몇 가지를 실천해보길 바란다.

(1) 노래를 부르듯 나름의 음률을 지키며 말해보자. 리듬감을 가지고 정확히, 조리 있게 말하는 연습을 해보는 것이다. 그러면 시간이 지날수록 당신의 생각을 적절하게 표현할 수 있을 뿐 아니라, 듣는 사람도 당신의 이야기에 엄청난 흥미를 느끼

게 될 것이다.

(2) 언제 어디서든 최대한 친근하고 부드러운 목소리를 내도록 노력해보자. 설사 무언가를 거절하는 일이 있더라도 목소리에는 따뜻함이 묻어있어야 한다. 상대의 가슴을 찌르고 상처 내는 목소리가 되지 않도록 주의하자.

(3) 온화하고 자연스러운 목소리를 유지하자. 자기 목소리의 특색을 정확히 인지하면 거기서 장단점을 골라내 원래의 목소리가 지닌 특별한 매력을 더 부각할 수 있다. 당신의 원래 목소리와 완전히 상반되는 억양으로 억지로 말하려고 하면 오히려 듣는 사람이 불편할 수 있다.

단정한 외모에 매력적인 목소리까지 더해지면 대인관계가 한결 좋아질 수 있다. 당신에 대한 호감도가 높아지기 때문이다. 반대로 목소리가 당신의 훌륭한 외모와 내면을 가릴 수도 있다. 목소리에 좀 더 신경을 쓰기를 권한다.

적절한 호칭으로 상대의 마음을 움직여라

호칭은 원만한 인간관계를 만드는 다리 역할을 한다. 적절하게 사용하면 당신이 원하는 대인관계를 운영해나갈 수 있다.

호칭은 원만한 대인관계의 시작이 되기도 한다. 새로운 친구를 사귀든 오래된 친구를 만나든 상대와 만나 이야기를 나누려면 호칭을 꼭 사용해야 한다. 이는 상대에 대한 존중이자 당연히 지켜야 할 매너이다. 예의 바르고 친근한 호칭은 상대를 향한 존중을 나타내면서 서로의 관계를 가깝게 만들어 진한 우정을 쌓는 계기가 된다.

물론 어떤 사람에게 어떤 호칭을 써야 하는가에 관해서는 '공부'가 필요하다. 호칭을 적절하게 쓰면 상대가 친근함을 느끼고 당신에 대한 좋은 인상을 남길 수 있으므로 인간관계를 당신의 생각처럼 잘 이끌어 나갈 수 있다. 하지만 걸맞지 않은 호칭은 상대를 불편하게 만들고 심지어 분노를 일으켜 관계를 어그러뜨린다.

한 보따리 장사꾼이 지방에 물건을 팔러 갔다. 날이 어둑해지자 잠잘 곳을 찾았는데, 지리에 익숙하지 않은 동네라 길을 헤매고 있었다. 그때 마침 머리가 희끗희끗한 남성이 맞은편에서 걸어오는 게 보였다. 그는 큰 소리로 물었다.

"영감! 여기 근처에 여관이 있소?"

그러자 남자는 간단하게 대답했다.

"4키로!"

마음이 급해진 장사꾼은 열심히 걷기 시작했다. 그런데 아무리 주변을 둘러봐도 여관이나 호텔은커녕 인적조차 보이지 않았다. 문득 노인이 자기를 골탕 먹이려고 거짓말을 한 게 아닌가 하는 의심이 들었다. 다시 온 길을 돌아가 노인을 붙잡고 따져 묻고 싶은 마음도 굴뚝처럼 솟아올랐다.

'4키로는 무슨 4키로야! 그놈의 영감탱이! 아주 심보가 고약해!'

그런데 '4키로'를 계속 되뇌다보니 어쩌면 노인이 '4키로'라고 말한 게 아닐 수도 있다는 생각이 들었다. 당시 노인의 표정과 입

모양을 잘 떠올려보니 "싸가지!"라고 말했을 수도 있다는 생각이 들었다.

그래서 그는 가던 길을 다시 돌아갔다. 드디어 아까 그 노인이 보였다. 그는 예의를 차리고 다시 노인을 불렀다.

"어르신!"

그러자 노인은 아까와는 다른 표정과 말투로 그에게 대답했다.

"여보게, 젊은이. 여관은 여기서 아주 멀리 있네. 괜찮다면 오늘 우리 집에서 하루 묵게나."

호칭은 일종의 예술이다. 잘못된 호칭은 웃음거리가 되거나 오해를 불러일으키고 상대의 기분을 상하게 하며 심지어 악감정을 품게 한다. 하지만 적절한 호칭은 상대의 마음을 움직여 관계를 가깝게 만들고 소통이 잘되게 하는 윤활유 역할을 한다. 특히 공식적인 자리에서 호칭을 사용할 때는 다음의 몇 가지 주의사항을 기억하자.

(1) 공식적인 장소에서 상대를 부를 때는 상대의 신분과 직무, 직위에 맞는 호칭을 사용하자.

(2) 공식적인 행사에서는 잘 아는 사이일지라도 함부로 별명을

부르지 않도록 주의하고 친구들끼리 부르는 이름으로 장난스럽게 부르지 않도록 주의하자. 상대를 불편하게 만들 뿐 아니라 다른 사람에게도 좋지 않은 이미지를 남길 수 있다.

(3) 호칭을 부를 때는 듣기에 거북한 발음이나 악의적으로 상대를 조롱하는 단어를 사용하지 않도록 하자.

인사만 잘해도
복이 생긴다

인사는 요술봉처럼 대인관계에 생각지도 못했던 극적인 변화를 가져오기도 한다. 어색한 사이에도 누군가 먼저 인사를 건네면 둘 사이의 벽이 누그러지고 대화가 시작된다.

살다 보면 마음이 맞지 않는 사람과도 어쩔 수 없이 대화를 해야 하는 일이 생기기 마련이다. 신기한 점은 나의 불편한 감정이 상대에게 그대로 전달된다는 것이다. '이 사람은 내가 싫은가? 내가 마음에 안 드나?'라는 생각이 들기 시작하면 상대도 당신에 대해 똑같이 생각하게 된다. 결국 두 사람 다 우연히라도 마주치기 싫어서 일부러 먼 길로 돌아가기도 하고, 어쩌다 마주치면 급히 자리를 피해버리는 사태가 생긴다.

후줄근한 모습으로 쓰레기 분리수거를 하러 나갔다가 마주친 이웃, 통근 버스를 탈 때마다 보게 되는 안 친한 동료, 공통 관심사가 사라진 아이의 초등학교 친구 엄마 등 피하고 싶은 사람이 많아지면 사는 게 피곤하고 돌아다니는 게 스트레스다. 그렇다면 이런 상황은 어떻게 해결하는 게 좋을까? 사연이 어찌 됐든 당신이 먼저 다가가 인사를 건네 보라. 즉 대화의 물꼬를 트는 것이다. 아래 예화를 보며 함께 생각해보자.

W는 외국에서 일을 하게 되었으나 아직 마땅한 집을 구하지 못해 호텔에 묵고 있었다. 그는 카페에 갔다가 우연히 옆자리에 있던 노인의 통화를 듣게 되었다. 자기 아파트에 세를 들어있는 사람이 곧 나가는데 중개료가 아깝다는 것이었다.

W는 집이 필요했고 중개료도 아끼고 싶은 마음에 노인이 통화를 끝내자 노인의 테이블로 몸을 돌렸다. 노인이 낯선 외국인인 W를 경계하는 눈빛으로 쳐다보았다.

"안녕하세요. 저는 W라고 합니다. 미국인인데, 이곳에서 회사를 다니고 있어요. 의도치 않게 어르신의 통화를 듣게 되었네요. 실례가 되지 않는다면 잠시 대화를 좀 나눌 수 있을까요?"

W는 최대한 정중히 인사를 건넸다. W를 물끄러미 보던 노인이 고개를 끄덕였다. 대화를 끝낸 두 사람은 곧바로 아파트를 보

러 갔고, 그 자리에서 계약을 했다. 두 사람 모두에게 만족스러운 계약이었다.

짧지만 예의 바른 인사가 노인의 마음을 열었다. 나이도 국적도 뛰어넘는 진심의 인사, 짧은 말이 통한 것이다. 가끔 인사는 마치 요술봉처럼 극적인 변화를 가져온다. 아무리 어색한 사이라도 누군가 먼저 인사를 건네면 분위기가 부드러워지면서 대화가 시작된다.

먼저 인사를 건넨다는 건 상대에게 "내가 당신을 신경 쓰고 있다."라는 메시지를 전달하는 것과 같다. 누군가에게 존중과 관심을 받는다는 건 좋은 일이다. 본인에게 다가오고자 하는 사람을 거절하고 미워하는 사람은 별로 없다. 다른 사람에게 관심을 주고 신경 써야만 누군가의 사랑과 관심을 받을 수 있다. 한 달 동안 회사에서든 동네에서든 먼저 인사하기를 실천해보자. 아마도 당신에 대한 호감도가 올라갈 것이다. 그리고 전과 다른 하루하루가 펼쳐질 것이다.

상대가 좋아하는 화제로 이야기를 나누어라

상대와 좋은 관계를 맺고 싶다면 상대가 좋아하는 화제로 이야기를 나누자. 인간은 감성적인 존재라서 자신의 마음을 알아주고, 자신에게 공감해주는 사람을 좋아한다.

한 심리학자가 실험을 했다. 실험 참가자들에게 1분 동안 옆에 앉은 사람과 열심히 대화를 나누라고 요청했다. 대화 주제에는 어떤 제약도 없었다. 무슨 내용이든 대화가 끊이지 않게만 하면 됐다.

실험 결과, 대화 상대가 동성인 경우 대화가 더 활발하게 진행되는 걸 알 수 있었다. 그 이유는 동성 간에 공통의 관심사를 더 빨리, 많이 찾을 수 있기 때문이었다.

하지만 남녀가 팀으로 이뤄진 경우에는 공통의 화제를 찾기가 어려워 자꾸만 대화가 중단되거나 심지어 아무 대화도 이뤄지지 않는 상황이 벌어졌다. 한 팀은 남성이 스포츠에 관심이 많았지만 여성은 스포츠 방면으로는 문외한이었다. 남성이 얼마 전에 끝난 올림픽 수영 경기에 관해 신나서 얘기할 때 파트너 여성은 무표정한 얼굴로 그를 바라보기만 했다.

반대로 여성이 이번 시즌에 유행하는 컬러나 패션, 헤어스타일 등에 관해 이야기하자 남성은 매우 난감한 표정을 지으며 잘 받아치지 못했다. 대화는 자꾸만 끊어졌고 둘 사이는 어색해졌다.

결론적으로 자신이 좋아하는 사물에 관한 이야기가 아니면 대화는 이어지기 힘든 것으로 나타났다.

한 여자아이가 위기에 처한 길고양이를 구해주었다. 그러자 고양이는 고마운 마음에 아침마다 여자아이의 집 앞에 사냥한 쥐를 가져다 놓았다. 여자아이는 질겁하고 죽은 쥐를 내다 버렸다.

상대가 아무런 관심 없는 대화의 주제는 이런 '죽은 쥐'와 같다. 바꿔 말하면 상대가 전혀 관심 없는 화제에 대해 끊임없이 얘기하는 것은 큰 실례다. 이는 대화를 나누는 상대에 관해, 그 대화에 관해 진지하게 생각해본 적이 없다는 뜻이기 때문이다. 그 대화가 '죽은 쥐'처럼 버림받는 건 어찌 보면 매우 당연한 결과이기도 하다.

성공적인 대화를 나누는 비결은 바로 상대 위주로 생각하는 것이다. 당신이 관심 없는 이야기라 할지라도 상대의 관점에서 화제를 찾아내면 대화는 이어질 수 있다. 적을 알아야 싸움에서 이기는 것처럼, 이기는 대화를 하려면 상대가 좋아하는 것이 무엇인지 알아야 한다. 상대가 무엇을 좋아하고, 무엇에 관심이 많은지 사전에 조사할 수 있다면 더할 나위 없이 좋다.

하지만 언제나 미리 준비할 수 있는 것도 아니고, 더군다나 대화 상대를 늘 내가 원하는 대로 정할 수 있는 것도 아니다. 그렇다면 어떻게 해야 할까? 모르는 상대와 낯선 장소에서 대화를 나눠야 할 때면 차라리 그의 '친절한 청중'이 되어주는 편이 낫다. 상대가 하는 말속에서 당신이 조금 더 이야기를 보탤 수 있는 포인트를 찾아내 반응하면 즐거운 대화를 이어갈 수 있다.

예일 대학에서 학생들을 가르쳤던 한 교수의 에세이에 등장하는 이야기다.

내가 여덟 살 때 고모 집에 놀러 간 적이 있다. 그때 한 중년 여성이 고모를 찾아왔다. 즐겁게 대화를 나누던 두 사람은 자연스럽게 나에 대해서도 이야기를 하기 시작했다. 나는 우주비행사에 관심이 많았는데, 그녀 역시 그런 것 같았다. 나와 그녀는 우연히 만난 같은 동호회 회원인 양 우주에 관해 신나게 대화를 나누었다.

그녀가 떠나고 나는 고모에게 그녀가 누군지 물었다. 하지만 고모의 대답은 뜻밖이었다. 그녀는 우주와 아무 상관 없는 치과 의사였고, 고모와는 단 한 번도 우주에 대해 이야기를 나눠본 적이 없다고 했다.

“그런데 왜 나와 우주랑 우주비행사에 대해 이야기했을까요?”

“그건 네가 우주랑 우주비행사에 대해 관심이 많기 때문이지. 너를 위해서, 너랑 이야기하고 싶어서 네가 관심 있는 주제에 대해 이야기를 한 거야.”

사람의 마음을 가장 잘 이해하는 방법은 그 사람이 가장 잘 아는, 가장 좋아하는 일에 관해 대화를 나누는 것이다. 대화 속에서 그의 관심사를 알아낼 수 없다면 그 사람의 흥미를 불러일으킬 수 없고 그러면 그와 가까워지는 기회도 놓칠 수밖에 없다.

농구를 정말 좋아하는 남성이 농구를 전혀 모르는 당신에게 말을 걸었다고 하자.

“저는 어릴 때부터 지금까지 농구를 하고 있어요. NBA의 카이리 어빙 선수 팬이고요.”

하지만 망연자실할 필요는 없다. 얼마든지 무난하게 대응할 수 있다.

"아, 그렇군요. 왠지 몸 움직임이 남다르다 했어요. 농구에 대해 아는 건 없지만 농구를 하면 당신처럼 자신감이 느는지 궁금하네요."

내가 모르는 주제에 대한 이야기라도 상대의 말에 집중하면 할 수 있는 말이 생긴다. 이야기가 반드시 하나의 주제로 이어질 필요는 없다. 꼬리에 꼬리를 물고 다른 주제로 연결되어도 상관없다. 아니, 더 좋다. 상대에게 호감을 사고 싶다면, 혹은 상대에게 더 가까이 다가가고 싶다면 한 가지만 기억하라. 상대가 좋아하는 화제로 대화를 나누어라.

할 말이 없다면
칭찬부터 시작하라

칭찬을 싫어하는 사람은 없다. 상대의 좋은 점을 찾아 칭찬하는 것부터 시작하라. 칭찬은 대화의 윤활유다.

누구와도 잘 어울리는 사람을 관찰해보면 공통점을 발견할 수 있다. 남성의 경우에는 스포츠 경기, 스마트폰, 자동차와 같은 주제로 먼저 서로의 거리를 좁히고 여성의 경우에는 패션, 화장품, 자녀 양육에 관한 이야기로 마음을 연다.

친한 사람과는 사적인 얘기를 편하게 나눌 수 있지만 모르는 사람과는 그러기 어렵다. 하지만 우리에겐 모든 사람과 공통으로 나눌 수 있는 '공통의 주제'들이 있다. 진정한 대화의 고수들은 이런 주제를 자유자재로 활용한다.

낯선 여성과의 첫 만남에서 남편이나 자녀에 관한 이야기는 함부로 꺼낼 수 없다. 얘기를 한다고 해도 깊이 대화할 수는 없다. 하지만 옷에 관한 이야기라면 다르다. “옷이 정말 잘 어울리시네요.”, “패션 감각이 좋으신 것 같아요.”라는 식으로 상대가 입은 옷에 대해 적절하게 칭찬하면 대화는 물 흐르듯 자연스럽게 이어질 것이다.

이유는 간단하다. 옷을 입지 않는 사람은 없기에 옷에 대해서라면 모든 사람이 조금은 할 말이 있을 것이기 때문이다. 가볍게 나누는 한담은 분위기를 편안하게 만들 뿐 아니라 대화 상대와의 심리적 거리를 좁혀주는 역할을 한다. 상대에게 다가가는 방법으로 칭찬만 한 것이 없다. 상식에서 벗어나지 않으면서 너무 과장되지 않은 칭찬은 상대를 기분 좋게 만들며 당신에 대한 호감도를 높인다.

찬욱은 개그맨이자 행사 진행자이다. 그가 사회를 맡은 행사는 언제나 웃음이 넘쳐서 그를 찾는 사람이 많다. 뿐만 아니라 같이 일하는 사람들도 찬욱을 좋아한다.

“와, 신발 정말 멋있어요. 어디서 샀어요?”, “이런 안경테 어울리는 사람 흔치 않은데, 주인이 여기 있었네요!”라며 그가 분위기를 편안하고 유쾌하게 해주기 때문이다. 그러면 상대도 웃는 얼굴로 "감사합니다. 오늘 메이크업은 더 신경 써서 해 드릴게요", "찬욱 님 옷은 제가 특별히 더 신경 써 드릴게요!"라고 대답한다.

10여 초 동안의 짧은 대화일지라도 칭찬을 통해 호감 가는 사람으로 상대의 기억에 오래 남을 수 있다. 특히 잘 아는 사람을 만난 경우 "오늘 입은 드레스 정말 근사하네.", "오늘 왜 이렇게 멋지게 하고 왔어?"라는 등의 짧은 말 한마디는 상대를 높여줄 뿐 아니라 외모에 신경을 많이 쓰는 사람에게는 다른 사람의 이목까지 끌어줄 수 있다.

액세서리 등을 칭찬해주는 것도 좋다. 이를 계기로 더 많은 대화를 끌어낼 수 있기 때문에 설령 이제 막 만난 사람이라고 해도 대화를 쭉 이어갈 수 있다. 팔찌를 끼거나 목걸이를 착용한 여성 중에는 은근히 사람들의 관심을 기대하기 사람이 많다. 먼저 "팔찌 디자인이 아주 독특하네요. 지금 옷 스타일과 일부러 맞추셨나 봐요."라며 알아봐 주는 말을 하는 것도 괜찮을 것이다.

그런데 당신이 보기에 옷을 정말 형편없게 입은 사람에게는 어떻게 해야 할까? 양심적으로 칭찬을 아끼는 게 좋을까? 아니면 예의상 억지로 뭐라도 칭찬을 하는 게 나을까? "여자의 옷과 액세서리는 그 사람의 정신 상태를 대변한다."라는 말이 있다. 당신의 눈에 아무리 형편없어 보여도 그 사람은 현재 마음과 의식에 따라 고심해서 고른 것이므로 존중해야 한다. 색깔이 마음에 들지 않으면 모양을, 모양이 마음에 들지 않으면 색깔을, 둘 다 마음에 들지 않으면 "오늘 신경 써서 입으신 것 같아요. 저도 그랬어요." 라고 동질감을 느낄 수 있는 말을 해보자.

그 사람이 오늘 어떤 노력을 했을지, 그 사람이 어디에 신경을 썼을지 생각해보고 그 부분에 대해 칭찬을 하는 것이다. 처음에는 상대가 어색해할 수도 있지만 자신을 좋게 봐주는 당신에게 마음을 열게 될 것이다. 또한 당신의 부정적인 한마디가 누군가에게는 자신의 존재 자체를 완전히 부정하는 것처럼 느껴질 수도 있으므로 항상 조심해야 한다.

제4장

말에 힘을 더해주는 3분의 법칙

말하기를 우습게 보지 마라. 말하기도 일종의 예술이다. 작은 스킬을 더하면 말로 하나의 멋진 '작품'을 만들어 낼 수 있다. 당신의 말에 힘을 더해주는 몇 가지 기술을 알아보고 이를 실생활에 적용해보자.

함부로
장담하지 마라

어떤 것에 대해서도 함부로 단언하거나 장담하지 마라. 그래야 상대에게도 나 자신에게도 여지를 남길 수 있다.

"대화를 나눌 때는 30%만 말하고 70%는 남겨두는 게 좋다."라는 옛말이 있다. 무언가를 지나치게 장담하는 듯한 말을 많이 하면 자기에게도 손해지만, 타인과의 관계에도 악영향을 준다. 그런데도 결과는 생각하지 않은 채 일단 말부터 내뱉고 보는 사람들이 있다. 성격이나 말버릇이 일순간 고쳐지지는 않겠지만 특히 "절대!", "결코!" 같은 말은 최대한 아끼는 것이 좋다. 그러한 말이 가져오는 후폭풍은 생각보다 훨씬 크다.

나미는 성적이 딱히 좋지 않았다. 하지만 사람들이 알아주는 대기업에 취업하고 싶었다. 물론 자기 성적으로는 그 회사에 들어가지 못할 것이라는 걸 모르지 않았지만, 인정하고 싶지 않았다. 친구들이 어느 회사에 가고 싶은지 이야기하는 자리에서도 나미는 호언장담을 했다.

"나는 아예 직장을 안 다니면 안 다녔지 시시한 회사는 절대 안 갈 거야!"

하지만 졸업이 코앞에 다가올 때까지도 나미의 성적은 오르지 않았고, 자기 입으로 "시시해서 절대 가지 않는다."라고 했던 회사조차도 가지 못할 수 있다는 사실에 낙담했다. 나미는 졸업 후 친구들과 모두 연락을 끊었다.

절대 일어나지 않을 것이라고 호언장담했던 일이 일어나버리는 일이 종종 있다. "내가 ~하는 한이 있어도 절대….", "나는 죽어도 ~는/은 안 할 거야."라는 식의 발언은 굉장히 위험하다. 세상에 '절대로' 변하지 않는 것이란 없기 때문이다. 그래서 어떤 약속을 하거나 무언가에 관해 얘기할 때는 함부로 단언하거나 장담해서는 안 된다.

무언가를 단언하지 않아야 나에게도, 또 남에게도 여지를 남길 수 있다. 우리는 한 치 앞도 모르는 사람들이고, 앞으로 일이 어떻게 진행될지 예측하기란 어렵기 때문이다. 그래서 어떤 상황이든 쉽게 무언가를 장담하거나 단언하지 않아야 한다.

사람들과 대화를 나눌 때는 "내 눈에 흙이 들어오기 전까지는…", "내가 죽으면 죽었지 절대로 ~는/은 안 한다."라는 식의 말은 되도록 하지 않는 게 좋다. 그래야 내 체면도 살고 서로 간에도 여지가 생겨서 시간이 지나 상황에 어떤 변화가 생기더라도 유연하게 대처할 수 있다.

또 누군가를 섣부르게 판단하지 않아야 한다. 특히 "저 사람은 죽을 때까지 출세하지 못할 거야." 같은 부정적인 말은 삼가도록 하자. 사람의 인생은 생각보다 길고, 그 사람에게 어떤 미래가 펼쳐질지는 아무도 모른다. 이런 점에서 말하기는 일종의 예술과도 같다. 말을 잘하면 모든 일이 잘 풀리지만, 말을 잘 못 하면 앞길을 망친다.

그러므로 말을 뱉기 전에 먼저 생각하고, 생각을 다 끝마친 뒤에 말하는 것이 좋다. 그렇지 않으면 사람들에게 '속이 없는 인간'이라는 이미지를 남기기 쉽다. 또 상대가 별로 믿을 만한 사람이 아니라면 말을 아끼도록 하자. 하고 싶은 말이 '10'이라면 그중에 '3'만 하도록 하라. 상대의 입장을 명확하게 파악하기 전에는 열띤 토론이나 논쟁도 피하는 게 좋다. 자칫 잘못했다가는 말싸움으로 이어질 수 있다. 특히 상대가 당신과 각별히 친한 사이가 아니라면, 충고나 권고는 함부로 하지 않는 게 좋다. 상대에게 굉장히 무례한 행동이 될 수 있기 때문이다.

"말은 끝났어도 그 울림은 계속되어야 한다."라는 고사처럼 굳이 다 말하지 않더라도 짧은 한마디에 전달하고자 하는 의미를 담아 사람의 마음을 울리는 것이 바로 말하기의 기술이다. 그래서 말하기를 일종의 예술이라고 하는 것이다. 말하기 전에는 먼저 상대가 어떤 사람인지 정확히 파악해야 하고, 그에 따라 해야 할 말과 그렇지 않은 말을 확실하게 구분해야 한다.

돌려서 하는 말이 힘이 세다

지혜로운 사람은 완곡하게 돌려서 하는 말이 얼마나 강한지 안다. 원하는 바를 차분하게, 간접적으로 잘 표현하면 원하는 목적지에 조금 더 쉽게 도달할 수 있다.

자기 생각을 직접적으로, 숨기지 않고 그대로 말하는 사람들이 있다. 그들은 장황하게 설명하지 않고 아주 간결하고 분명하게 전달한다. 이렇게 하면 소통은 정확하게 할 수 있을지 모르지만 때로는 상대의 마음에 깊은 상처를 남기기도 한다.

모든 사람의 마음에는 남에게 들키고 싶지 않은 '비밀의 방'이 하나씩 있다. 사람들은 거기에 진짜 자기 모습을 숨겨놓는다. 그런데 직접적이고 사실적인 말에는 비난이 대부분이며, 그 말은 상대의 '비밀의 방'을 공격해 문을 부수고 그 안에 숨은 비밀을 억지로 끄집어낸다.

인간관계에서는 꼭 하지 않아도 되는 말이 있게 마련이다. 그러므로 누군가와 대화를 나눌 때, 말하지 않아도 되는 것들은 최대한 자제하고 꼭 해야 할 말이 있다면 최대한 완곡하게, 돌려서 표현하는 법을 배워야 한다.

어느 날, H는 친구에게 집안일과 자녀 양육에 무관심한 남편에 대해 불만을 늘어놓았다.

"그러니까. 너 결혼 잘못한 것 같아. 왜 그런 찌질이랑 결혼했어? 남자 보는 눈이 없어도 너무 없었어."

친구가 맞장구를 치자 H가 정색하며 불같이 화를 냈다.

"내가 내 남편 욕한다고 너도 그러면 안 되지!"

아무리 못난 남편이라도 그녀에게는 살을 맞대고 살아가는 가족이다. 자기 가족이 타인에게 비난받을 때 좋아할 사람은 없다.

"미안해. 나는 네가 너무 고생하는 것 같아서 위로하려고 한 말인데, 내가 경솔했어."

인간 관계론의 아버지라 불리는 데일 카네기는 "타인의 잘못은 직접적으로 비난하는 것보다 간접적으로 지적하는 것이 훨씬 효과적이다."라고 말했다. 그렇게 해야 상대의 자존감을 지켜주고 반감을 사지 않으면서 내 말에 공감하게 만들 수 있다는 것이다. 즉 '완곡한 언어'는 성숙하고 안정적인 인격의 또 다른 표현으로, 상대와 나 사이에 더 많은 '여지'를 남겨 듣는 사람으로 하여금 자신이 들은 말을 천천히 곱씹어보게 한다.

가령 좌절하고 절망한 사람에게 힘을 주고 싶은 경우에는 부족한 점을 지적하고 사실을 직시하게 하는 것보다 먼저 상대가 본인의 장점을 인식하게 하는 것이 좋다. "어휴, 너 진짜 멍청하다. 어떻게 제대로 하는 게 하나도 없대? 이렇게 울기만 하면 쌀이 나와 돈이 나와? 이럴 시간에 나가서 돈 벌어!"라며 비난을 쏟아내면 안 그래도 괴로운 상대를 완전히 무너뜨릴 수 있다. "오르막이 있으면 내리막도 있는 거야. 빛이 있으면 어둠이 있고. 모든 것은 지나가. 그러니 일단 나가서 움직여."라고 돌려 말하라. 시간이 없는데도 결정을 내리지 못하고 망설이는 사람에게는 "뭘 그렇게 망설여? 뭐가 그렇게 두려워? 그러다 망하는 거야. 빨리 결정해."라고 말하기보다 "생각할 게 많나 봐. 장고 끝에 악수 둔다고, 생각을 너무 많이 하는 게 오히려 좋지 않을 수도 있대.", "너는 신중한 사람이라 시간이 걸릴 수도 있겠다. 그래도 기회는 자주 오는 게 아니라는 걸 명심해!"라고 격려하듯 돌려 말하는 것이 좋다.

직접적으로 말하는 것이 더 간단하고 쉽지만 상대의 자존심과 마음에 상처를 고려해야 하는 이유는 인간관계라는 것이 감정에 크게 좌우되기 때문이다. 완곡하게 말해도 충분히 알아들을 수 있는데 굳이 직설적으로 말할 이유가 없다. 그러니 인간관계도 좋게 유지하면서 질적인 대화를 나누고 싶다면 완곡하게 표현하는 방법을 배워보자. 마음에 있는 말을 거침없이 그대로 쏟아내는 것보다는 완곡하게, 부드럽게 표현하는 사람이 훨씬 더 교양 있고 우아해 보인다는 것도 기억하자.

말하기에
작은 기술을 더하라

다른 사람을 설득하고 사람들의 인정받는 데에는 특별한 재주나 천부적인 재능이 필요한 것은 아니다. 올바른 생각에 약간의 기술만 더하면 된다.

'어쩌면 저렇게 말을 잘하지? 저 사람이 하는 말은 다 맞는 말 같아.'라는 생각이 드는 사람들이 있다. 도대체 그 비결이 뭘까? 많은 사람이 누군가를 설득해야 할 때 본인의 생각을 상대에게 강압적으로 주입하려는 경향이 있다. 장담하건대 이런 방법으로는 95%가 실패한다.

누군가를 설득하는 과정은 일종의 심리적 상호작용이다. 몇몇 작은 기술을 더하면 내용도 풍성해질 뿐 아니라 상대를 편안하게 만들어주고 더 쉽게 당신의 생각을 어필할 수 있다. 다음은 누군가를 설득할 때 적용할 수 있는 몇 가지 기술들이다. 이 기술을 잘 활용하면 당신의 사업이나 일상에 도움이 될 것이다.

1. 인상

상대에게 좋은 인상을 남기는 것은 인간관계의 기본이다. 미국 심리협회의 연구에 따르면 사람들은 상대의 인상이 좋다고 느꼈을 때 그 사람의 의견을 훨씬 더 잘 수용하는 것으로 나타났다. 다시 말해 상대에게 좋은 인상을 주면 그 사람을 더 잘 설득할 수 있다는 뜻이다. 물론 말과 행동에도 주의를 기울여 좋은 분위기를 만드는 노력도 필요하다.

2. 솔직함

"이해해요. 나도 그랬으니까. 불안한 마음을 들키지 않으려고 얼마나 노심초사했는지 몰라요.", "망하니까 친구도 다 떠나더라고요. 하지만 친구들을 원망하지는 않아요. 당시 저한테는 우울과 분노만 남아 있었거든요. 친구들도 힘들었을 거예요."라고 말문을 열어보자. 자신을 열어 보이는 사람에게는 상대도 마음을 열기 쉽다. 설득이란 상대의 마음을 여는 것으로부터 시작한다.

3. 겸손함

허세 가득하고 잘난 척하는 사람을 좋아하는 사람은 없다. 반대로 다른 사람을 높여주는 사람을 싫어하는 사람은 없다. 자기 성과에 자부심을 느끼는 것은 좋지만 지나치게 뽐내거나 과시하면 상대는 거부감을 느끼고 마음을 닫게 된다. 자신을 내세우기보다 상대를 높여주는 마음이 있어야 한다.

4. 적절한 신체언어

물건을 사러 가게에 갔는데 직원이 귀찮은 표정으로 시큰둥하게 쳐다보거나 반대로 찰싹 붙어서 계속 따라다닌다면 어떨까? 물건을 사라는 건지 말라는 건지 헷갈리고, 뭐라도 꼭 사라며 강요당하는 기분이 들 것이다. 그렇게 되면 고객은 물건을 사기는커녕 빈손으로 가게를 나가버리고 만다. 당신의 말에 설득력을 더하고 싶다면 신체언어를 적절하게 활용하라. 그래야 상대가 당신과 함께 있는 것을 불편해하지 않는다.

5. 전문성

지식에는 설득력이 있다. 자신이 파는 물건에 대해서도, 자신이 옳다고 생각하는 사안에 대해서도 확실한 근거와 정보를 가지고 있어야 한다. 그러려면 관련 지식이 풍부해야 한다. 말을 할 때는 본인이 알고 있는 것의 아주 적은 부분만 말하게 되기도 하고, 질문을 받을 때도 있어서 어쩌면 당신이 생각하는 것보다 훨씬 지식이 많아야 한다. 전문성을 쌓으려면 공부는 필수다.

6. 경청

모든 사람은 이해받길 원한다. 마음을 다해 상대의 의견을 수용하고 그 사람의 문제에 관심을 기울이는 것은 매우 중요하다. 상대가 심각하게 하는 말이 당신에게는 사소해 보여도 상대에게는 큰일일 수 있다.

반대 의견은
더 조심스럽게 말하라

반대 의견일수록 더 조심해서 말해야 한다. 사람은 누구나 인정받고 싶어 하기 때문에 자신의 의견이 반박당하면 옳고 그름을 떠나 불쾌해지기 쉽다.

인간관계를 맺다 보면 나와 생각이 전혀 다른 사람들을 종종 만난다. 이는 매우 정상적이다. 그런데 반대되는 생각을 표현하는 방법이 적절하지 않으면 대화가 잘 이뤄지지 않고 불쾌한 감정만 남는다. 남과 다른 생각, 반대 의견을 적절히 잘 표현하는 것 역시 일종의 '예술'이자 대인관계에서 반드시 갖춰야 할 능력이다.

빌 게이츠가 한번은 회의 중에 크게 화를 냈다. 대표의 화난 모습을 본 임원들은 아무 말도 하지 못했다. 그런데 한 여성 엔지니어가 침묵을 깨고 자리에서 일어나 자기 생각을 말하기 시작했다.

"왜 그렇게 강하게 말씀하시는지 충분히 이해합니다. 이 안건에 관해서는 저도 예전에 대표님과 같은 생각을 했었습니다. 그런데 최근에 한 사건을 겪으면서 새로운 사실을 하나 발견하게 되었습니다."

그녀가 말을 마치자 빌 게이츠의 분노는 누그러졌다. 그리고 잠깐의 침묵 끝에 사람들에게 말했다.

"설득력 있는 이야기군요. 그렇게 한번 해 봅시다."

사람들은 그녀를 존경의 눈빛으로 바라보았다.

아마도 그녀는 이후에 마이크로 소프트에 없어서는 안 될 핵심 인물로 자리 잡았을지 모른다. 적절한 표현으로 반대 의견을 가진 사람을 설득시켜 자기편으로 만들었기 때문이다.

이렇듯 남들과는 조금 다른, 반대 의견을 이야기할 때는 약간의 기술이 필요하다. 다음 내용을 참고해 실생활에 적용해보자.

1. 상대와 이견을 조율하는 말투를 사용하라

생각을 계속 굽히지 않고 주장하고 싶더라도 상대 체면을 배려할 줄 알아야 한다. 의견이 매우 다를 때는 잠깐 상대의 입장에서 생각해보자. 그런 다음 해당 주제에 관해 상의하는 말투로 이야기를 나누는 것이 중요하다. 그리고 강압적인 말투를 사용하지 않도록 주의하자. 당신이 상대를 존중해야 그 역시 당신을 존중한다.

2. 사실을 근거로 대화하라

먼저 상대의 생각을 긍정해준 다음 당신 생각을 얘기하라. 이때 그렇게 생각하는 근거와 이유를 명확하게 설명할 수 있어야 한다. 그래야만 상대가 당신의 반대 의견을 겸허히 수용할 수 있고, 대화가 극단적으로 치닫거나 상대를 난처하게 만드는 일이 생기지 않는다.

3. 난감하다는 액션을 보이는 것도 일종의 기술이다

상대와 이견이 여간해서 좁혀지지 않는다면 당신의 생각을 더 강하게 말하지 말고 조금 머뭇거리는 태도를 취해보자. 그러면 상대도 한발 물러서서 생각을 정리할 수 있는 여유가 생기기 때문에 당신의 의견에 조금 더 귀 기울이게 된다. 아주 난감하다는 액션을 취하는 것도 하나의 전략이 되는 경우도 많다.

4. 상대 생각을 인용해 당신의 의견을 피력하라

상대가 하는 말을 잘 들으면서 그 안에 존재하는 허점이나 문제점을 찾아 그걸 바탕으로 생각을 정리해 얘기해보자. 이때 주의할 점은 임의로 사실을 조작하거나 부풀리지 말고 오로지 사실만을 근거로 말해야 한다.

5. 실제 사례를 예로 들어 당신의 생각에 힘을 더하라

의견을 직접 말하는 것이 부담스러운 상황이라면 비슷한 사건을 예로 들어 간접적으로 의견을 전달해보자. 물론 이때도 실제 일어났던 사실을 예로 들어야 한다.

돌려서 말해야 원하는 것을 얻기 좋다

직설적인 말은 상대의 마음을 다치게 해 인간관계에 문제를 일으킬 가능성이 크다. 반면 돌려서 말하면 감정을 상하게 하는 일이 적어 인간관계에서 마찰과 충돌도 적다.

같은 내용이라도 상대를 잘 설득하는 사람이 있는가 하면, 설득은커녕 상대를 불쾌하게 만드는 사람이 있다. 이런 차이가 생기는 이유가 뭘까? 말하기는 일종의 '예술'이기 때문이다.

하고 싶은 말을 가감 없이 직접적으로 하는 사람은 솔직하고 호탕하다는 인상을 줄 수 있을지는 몰라도 길게 봤을 때 결과가 좋은 경우가 많지 않다. 마음에 상처를 입으면 다른 사람의 본심을 제대로 받아들이기 어려울 뿐만 아니라 심지어 사실도 왜곡하기 십상이라 관계가 틀어지곤 한다.

'한 바퀴 돌려서' 말하는 법을 안다면 생각이 다른 사람들과 이야기하면서도 관계에서 일어나는 마찰과 충돌을 줄이고 양질의 대화를 나눌 수 있다.

중국 베스트셀러 작가 이월하二月河는 《제왕삼부곡帝王三部曲》 시리즈가 히트한 뒤 돌연 작품 활동을 중단한다고 발표하고 모든 언론 인터뷰를 거절했다. 한 언론사의 기자가 그 배경이 궁금해서 그에게 연락을 취해 지속적으로 인터뷰를 요청했지만 이월하는 번번이 예의 바르게 거절 의사를 밝혔다.

하지만 기자는 포기하지 않았다. 그 과정에서 이월하가 심각한 당뇨병을 앓고 있으며 딸에 대한 사랑이 특별히 애틋하다는 정보를 얻게 되었다. 기자는 계속 그에게 전화를 걸었고 마침내 연락이 닿았다.

"선생님, 안녕하세요. OO 신문사의 OO 기자입니다. 오래전부터 선생님을 직접 뵙고 싶었는데 번거로우실 것 같아 이렇게 전화를 드렸습니다. 드디어 선생님과 통화가 닿았네요!"

이월하는 난처하다는 듯 대답했다.

"이왕 통화가 됐으니 말씀해 보세요."

"지난달에 따님께서 선생님 건강이 많이 회복되었다는 이야기를 해주셨습니다. 이제는 다시 예전처럼 작품 활동을 하셨으면 좋겠다는 마음도 덧붙이셨지요. 따님 마음도 독자들 마음하고 다르지 않은 거죠. 그러면서 제게 이 시간대에 선생님께 전화를 드리면 받으실 거라고 특별히 알려줬어요. 운동을 마치고 차를 드실 시간이라면서요. 혹시 실례가 되지 않는다면 선생님을 직접 찾아뵙고 책 말고 건강이나 운동 같은 것들에 대해 이야기를 좀 나눴으면 하는데, 괜찮으실까요?"

이월하는 마침내 그의 인터뷰 요청에 응했다.

여러 차례 인터뷰 거절을 당한 기자였지만, 포기하지 않고 노력한 끝에 마침내 만남을 성사시켰다. 그는 먼저 상대가 좋아하는 것과 최근의 건강 상태를 알아낸 뒤 그가 가장 관심 있는 화제로 대화를 나누었다. 그 결과 편안하면서도 유쾌한 방식으로 자연스럽게 상대의 방어 태세를 푸는 데 성공했다.

사람을 만나 이야기를 나누다 보면 언제 어디서든 '날카로운 가시'가 튀어나올 수 있다. 하지만 그럴 때일수록 부드럽게 나가야 한다. '정면 승부'로 맞서 싸우면 상황은 점점 더 복잡해진다.

"걱정하지 마라. 우리가 걸어갈 길은 굽이굽이 굴곡진 산길이다. 많은 길을 돌아서 내려갔다 올라갔다를 수없이 반복하다 보면 왠지 정상에서 멀어지는 것처럼 보이지만, 사실은 목표에 점점 가까워지고 있다."

프랑스 작가 레농의 말이다.

'우회' 역시 일종의 대화 기술이다. 솔직한 말로 효과를 볼 수 없다면 조금 돌아가는 것도 나쁘지 않다. 올라갔다 내려갔다 하는 것을 반복하다 보면 어느새 목적지가 눈앞에 있을 것이다. 일단 상대를 '대화의 틀' 안으로 데려오면 그다음은 걱정하지 않아도 좋다. 오히려 직설적인 말로 자꾸만 상대에게 상처를 주면 결국에는 그 '날카로운 가시'가 목구멍에 걸려 당신을 고통으로 몰아넣을 것이다.

'돌아가는 대화'는 포기나 무기력함이 아니다. 오히려 더 빨리 목표에 도달하는 기술이며 일상을 조금 더 편안하고 자연스럽게 살아가는 처세술이다.

침묵에도
기술이 필요하다

사람이나 상황에 따라 침묵도 효과적인 대화의 기술이 될 수 있다. 상대가 어떤 사람인지, 지금 어떤 상황인지 잘 살펴보자.

사람에 따라, 상황에 따라 침묵은 금이 되지만 가끔은 독이 되기도 한다. 무대에서 강연을 마친 뒤, 이어지는 질의응답 시간에 침묵이 이어지면 강사는 '내 강연이 재미없었나?', '내 강연에 전혀 공감을 못 하는 건가?', '강연 내용이 불만스러웠나?'라고 온갖 생각을 하게 된다. 이런 자리에서 적절한 피드백이 없으면 강사는 청중의 심리를 파악할 수 없기 때문에 상황을 잘못 판단하게 될 확률이 높다. 이렇듯 침묵은 하나의 보이지 않는 '벽'을 만들어 소통을 가로막기도 한다. 하지만 때에 따라서는 침묵이 훌륭한 소통의 도구가 될 수도 있다.

도시의 바쁜 출근 시간대, 한 중년 부부가 지하철 개찰구 앞에서 우왕좌왕하고 있었다. 말투를 들어보니 타 지역에서 올라온 것 같았다. 때마침 뒤에 서 있던 한 청년이 그들이 들고 있는 교통카드가 일회용 카드인 것을 발견하고 카드를 달라고 해 카드 투입구에 넣어주었다.

착한 청년의 도움으로 마침내 중년 부부는 개찰구를 통과할 수 있었다. 그런데 아무리 기다려도 카드가 나오지 않자 갑자기 청년에게 화를 내기 시작했다. 알고 보니 그들은 다른 노선으로 환승할 계획이었다.

그 지역에서는 중년 부부가 살던 곳과 달리 다른 노선으로 갈아타려면 개찰구를 빠져 나와 새로 표를 구매해서 타야 했다. 하지만 이런 사실을 몰랐던 부부는 생돈을 날렸다는 생각에 다짜고짜 청년에게 화를 냈다. 두 사람은 "당신이 괜한 오지랖을 부려 돈만 날렸잖아요."라며 버럭버럭 소리를 질렀다.

그러자 청년은 직원을 호출하더니 아무 말 없이 가방에서 돈을 꺼내 남성의 손에 쥐여주었다. 그러고는 직원에게 자초지종을 설명해주고 미련 없이 가던 길을 걸어갔다.

대부분의 사람은 이 같은 상황에 처하면 억울한 마음에 어떻게든 자신이 옳다는 걸 증명해내려 애쓴다. 그렇지만 누가 옳고 그른지 큰 소리로 시비를 가리려고 하는 순간, 사람들은 오히려 당신이 예의 없고 무정한 사람이라고 판단한다. 사람들은 본래 약자에게 동정심을 갖기 때문이다. 그런 점에서 이 청년은 정말 현명하고 이성적인 방식으로 일을 처리했다고 할 수 있다.

때에 따라서 말은 아무런 힘을 발휘하지 못한다. 내 입장을 설명하면 설명할수록 상황이 더 악화되는 경우에는 침묵하는 것이 옳다. 목소리 큰 사람이 무조건 이기는 시대는 이미 지났다. 지금은 본인의 위치와 공헌도, 가치에 따라 존중받는 세상이 되었다.

제니는 회사에서 분위기 메이커일 정도로 활발하고 누구보다 일도 잘했다. 특히 말로는 누구에게도 지지 않을 정도라 프레젠테이션의 대가로 불렸다.

그런데 얼마 전부터 제니는 직속 상사와 갈등 상황에 빠졌다. 다른 직원들이 들을 수도 있을 정도로 목소리를 높이며 말싸움을 하기도 했다. 두 사람의 문제는 인사팀에서도 알게 되었고, 결국 제니가 부서 전환을 권고받았다. 제니는 제안을 거절하고 퇴사를 선택했다.

같은 팀 앤디도 그 상사와 갈등을 겪었던 적이 있었다. 상사는 종종 지나치게 예민하고 가끔이긴 해도 막말이 심한 편이라 직원들에게 좋은 평가를 받지 못했다. 하지만 너무 유능해서 회사에서도 곤란해하는 부분이 있었다.

앤디는 상사의 목소리가 높아진다 싶으면 바로 침묵을 택했다. 의견이 달라도 반박하지 않았다. 오히려 미소를 지어주었다. 업무 능력은 제니가 월등했지만 상사는 앤디가 같이 일을 하기에 더 좋은 사람이라고 생각했고, 회사 측에서는 제니가 퇴사할 때 붙잡지 않았다.

경우에 따라 침묵은 말보다 더 강한 힘을 지닌다. 특히 상대가 어떤 오해를 하고 있을 때는 더욱 그렇다. 말싸움에서 이기면 당장은 속이 시원하겠지만, 결국 그 사람과의 관계는 소원해진다. 때에 따라서는 입을 닫고 말수를 줄이는 법을 배워야 한다. 모든 사람은 자라온 환경이 다르고 생각하는 방식도 다르다. 남의 생각을 당신 마음대로 조종할 수 있는 것도 아니다. 차라리 그럴 바에는 침묵을 택하는 편이 낫다. 물론 침묵하라고 해서 무조건 다 참으라는 뜻이 아니다. 나의 내면을 돌아보면서 더욱더 이성적이고 성숙한 방법으로 문제를 해결해야 한다는 의미다.

상대를 기분 좋게 만들어라

상대의 말과 행동에 진심으로 관심을 가지고 집중해보자. 인정하고 격려할 만한 부분을 찾을 수 있을 것이다. 상대에게서 좋은 점을 발견해주는 사람은 어디에서도 환영받는다.

상대를 진심으로 칭찬하면 좋은 인상을 남길 수 있다. 미국 심리학의 아버지 윌리엄 제임스는 "인간 본성의 가장 깊은 곳에 있는 심리적 동기는 타인에게 인정받고 싶은 갈망이다."라고 말했다. 모든 사람에게는 두 가지 열망이 있다. 타인에게 인정받고 싶은 열망과 다른 사람을 인정하는 법을 배우는 열망이다. 위대한 사람이든 평범한 사람이든 우리는 모두 누군가에게 인정받고 싶어 하며 매우 감동한다.

누군가를 인정하고 칭찬해주는 것 역시 일종의 습관이다. 평소에 그 사람의 장점을 주의 깊게 살펴보고 관심을 가져야만 비로소 진심 어린 칭찬과 인정이 나오기 때문이다.

모든 사람은 타인의 인정과 칭찬에 목마르다. 우리는 타인을 칭찬하고 인정하는 법을 배워야 한다. 직장에서든 가정에서든 그 구성원에 대한 인정과 존경을 표현하면 대화의 분위기가 좋아지고 당신의 영향력도 커진다. 누군가를 칭찬하는 데는 그리 많은 시간이 필요하지 않다. 평균 6초 정도면 충분하다. 그러니 칭찬에 인색한 사람이 되지 말자.

친한 사람에게는 "얼마 전에 너희 집 앞을 지나갈 일이 있었거든. 마당을 정말 예쁘게 잘 가꿔 놓았더라.", "대단해. 매달 아이들과 그렇게 시간을 보내다니. 넌 정말 좋은 부모님이야."라는 식의 소소한 칭찬을 건네 보자. 잘 모르는 사람이라면 먼저 그 사람이 하는 말을 귀담아듣고 거기에서 대화를 이어갈 수 있는 포인트를 찾아 격려와 인정의 의미가 담긴 말을 건네는 것이 좋다.

물론 처음에는 어색할 수 있다. 어쩌면 가식처럼 느껴질지도 모른다. 왜냐하면 그동안 많이 해보지 않았기 때문이다. 하지만 계속하다 보면 하나의 습관으로 굳어져서 점점 자연스러워질 것이다. 하지만 기억해야 할 몇 가지 주의 사항이 있다.

(1) 쉬지 않고 계속해서 상대를 칭찬하면 오히려 거부감을 느낄 수 있다. 칭찬도 간단명료하게, 깔끔하게 하는 게 중요하다.

(2) 진심이 녹아 있어야 한다. 상대방의 이야기에 진심으로 귀 기울이고, 그 사람이 진짜 좋아하고 관심 있는 일에 관해 칭찬하도록 하자. 이런 진실한 태도가 당신의 말에 힘을 더해줄 것이다.

(3) 부정적인 단어 말고 긍정적인 단어를 사용하자. "네가 그걸 해냈다는 게 믿어지지 않아."라는 표현보다는 "네가 그 일을 해냈다는 게 정말 자랑스러워."라고 말하는 게 좋다.

(4) 타인의 말을 빌려 상대를 칭찬하면 효과가 배가 된다. 예를 들면 "샐리가 당신 매장에서 산 외투가 너무 좋다고 저한테 말하더라고요. 이제까지 산 옷 중에 가장 마음에 든대요."라고 말하는 것이다.

(5) 직장에서 당신을 도와 열심히 일해준 사람들에게는 절대 칭찬을 아끼지 말자. 특히 리더라면 부하 직원들을 격려하고 인정해주는 말을 많이 해야 한다. "정말 잘했어요.", "멋지네

요.” 같은 짧은 격려가 주는 힘을 기억하라.

(6) “대단해요.”, “멋져요.”, “기억에 많이 남을 거예요.”, “최고예요.” 등의 긍정적인 표현을 많이 사용하자.

(7) 상대에게서 칭찬할 만한 점을 찾아내지 못했다면 그의 미래에 대한 희망과 신뢰를 드러내는 말을 해주어도 된다. “우리는 앞으로 네가 충분히 잘 해낼 거라고 믿어.”, “넌 정말 우리에게 꼭 필요한 존재가 될 거야.”

누구와도 무난하게 대화를 나누는 법

잘 모르는 사람과 대화를 나누는 건 누구나 다 어색하다. 하지만 그 누구와도 무난하게 대화를 만드는 몇 가지 팁이 있다. 어색한 침묵을 깨기 위해 화려한 수식어를 쓰거나 끊임없이 재잘댈 필요는 없다. 마음을 다해 상대에게 집중하면 편안한 대화를 나눌 수 있다.

마음을 다해 경청하는 사이
어색함은 사라진다

말하는 것만큼 듣는 것도 중요하다. 능동적이고 지속해서 상대의 말을 경청하고 그 내용을 잘 정리하면 상대는 자신이 존중받는다는 느낌을 받는다.

중국에 "잘 듣는 귀 두 개가 말 잘하는 입 열 개보다 낫다."라는 속담이 있다. 말을 잘하는 것도 중요하지만, 화려한 언변에만 집중하다 보면 정작 중요한 '귀'의 역할을 잊어버린다. 모든 사람은 대화를 나눌 때 자기에 관해 이야기하고 싶어 한다. 이는 어쩔 수 없는 사람의 본성이다. 정말 똑똑한 사람은 상대가 아무리 쓸모없는 말을 해도 주의를 기울여 경청한다.

세상 모든 사람이 말을 잘하는 건 아니다. 매체에 등장하는 강사들이나 연사들처럼 말로 타인의 마음을 감동시키고 움직이는 일은 정말 쉬운 일이 아니다. 그렇지만 한 가지만 기억하자. 이 세상에 말 잘하는 사람은 넘쳐나지만, 잘 들어주는 사람은 부족하다.

무리 속에서 사람들에게 인기가 좋은 사람은 자기 얘기를 하는 데만 급급한 사람이 아니라, 남의 말을 잘 들어주고 적당한 때를 골라서 자기 말을 하는 사람이다. 이런 사람은 상대에게 '당신은 존중받는 대상'이라는 느낌을 심어준다.

언어는 사람과 사람 간의 가장 직접적인 교류 방식이다. 그런데 경청은 외부 정보를 수용하고 이해하고 처리하는 모든 과정에 필요한 핵심 요소이기 때문에 결국 잘 듣는 사람이 말도 잘한다. 정말로 언변이 좋은 사람은 상대가 하는 말이 지루하고 따분해도 계속 귀 기울여 들어준다. 이런 사람은 마음이 따뜻하고 진솔하다는 느낌을 준다.

새로운 환경, 낯선 단체에 처음 들어가 어떻게 적응해야 할지 모르겠다고 말하는 사람들이 많다. 그런데 말하기에 어려움을 겪는 사람들에게 보편적으로 존재하는 문제점은 새로운 환경에 잘 적응하지 못하고, 마음이 편하지 못하니 사람들의 말을 잘 듣지 못한다는 것이다. 하지만 명심하라. 90%의 정보는 당신의 '귀'를 통해 들어온다. 진짜 소통이란 상대가 미처 말로 꺼내지 못한 마음의 소리까지 경청하는 것이다. 이러한 사람은 믿을 만한, 의지할 만한 대상이라는 느낌을 주기 때문에 많은 이에게 큰 사랑을 받는다.

하지만 경청에도 약간의 기술이 필요하다. 다음의 몇 가지를 잘 읽고 기억해두자.

(1) 상대에게 집중하라. 상대가 무슨 말을 하고 또 미처 말하지 못한 것은 무엇이지 분간하라. 대화할 때는 최대한 외부적, 내부적 간섭을 배제하도록 하라.

(2) 경청을 잘하는 사람은 상대가 한 말을 보충하고 싶거나, 그 사람의 말을 수정하고 싶어도 상대의 말이 끝날 때까지 들어준다.

(3) 경청을 잘하는 사람은 상대가 하는 말을 통해 그 사람의 기분과 감정, 일상의 습관 등을 눈치챈다. 핵심적인 몇몇 키워드로 상대방의 관심사를 알아내고 그 대상에 관해 대화를 이어간다.

(4) 잘 듣는 사람은 상대의 말을 간단명료하게 잘 정리한다. 물론 그 전제는 핵심만 추려서 정리하는 것이다. 이렇게 하면 상대는 자신이 매우 중요한 존재라는 생각을 하게 된다. 상대의

말을 중간에 끊지 않도록 주의하자.

(5) 마음을 다해 경청하는 사람은 상대가 한 말 중에 쓸데없는 사족을 잘라내고 중요한 핵심만 골라내서 정리한다. 또 이렇게 정리해낸 주요 사항을 오랫동안 기억한다.

(6) 같은 일이라도 그것을 바라보는 시각이나 결론, 느낌 등은 사람마다 다르다. 상대와 관점이 다르더라도 여전히 그의 생각을 존중해야 한다. 그래야만 서로의 의견을 수용하고 조화로운 관계를 이어갈 수 있다.

정리하자면 관계의 성패는 말솜씨보다 얼마나 섬세하게, 합리적으로 소통할 수 있느냐에 달려있다. 위에서 언급한 모든 기술 가운데 가장 중요한 것이 바로 경청이다. 당신이 상대의 말에 적극적으로 귀를 기울여야만 상대도 당신을 진심으로 믿고 더 진솔한 이야기를 들려줄 것이다.

호기심을 가지고 대화하라

모든 사람은 각자만의 인생을 살아왔다. 만일 상대의 인생을 알고, 그 사람을 이해하려 하는 것이 대화의 목적이라면 대화가 끊이지 않을 것이다.

눈雪의 결정체 중에 똑같이 생긴 건 하나도 없다. 모든 결정체는 저마다 모습이 다르며, 그것도 오직 단 한 번만 생성된다. 가만히 생각해보면 사람도 똑같다. 세상에 똑같은 사람은 한 명도 없다. 똑같은 유전자를 가진 쌍둥이라도 다른 점이 있다. 사람을 사귈 때 마음에 호기심을 품고 '이 사람은 이 세상에 단 하나뿐인 존재'라는 마음으로 대해보자. 그런 마음은 말로 표현하지 않아도 자연스럽게 상대에게 전해지게 마련이다.

엘리사는 오랜만에 고등학교 동창들을 만났다. 그녀는 몇 년 전부터 평소 관심이 있던 심리학 공부를 하기 시작했는데, 마침 모임에서 심리학에 관한 이야기가 나왔고 그녀는 자신이 배운 심리학 지식을 공유했다.

대화는 어느새 심리학에서 금융 분야로 넘어갔다. 동창 중 한 명이 금융 전공자였다. 엘리사는 그렇지 않아도 궁금했던 것들을 물어보았다. 두 사람을 옆에서 지켜보던 다른 친구가 웃으며 엘리사에게 말했다.

"방금까지는 선생님 같았다면 지금은 학생 같아."

"맞아. 금융에는 문외한이니까. 모르니까 더 궁금하고 재밌잖아!"

엘리사는 솔직하게 대답했다. 호기심을 가득 품은 엘리사의 모습을 보고 금융 분야 전공자인 동창은 그녀의 궁금증을 매우 열심히, 적극적으로 풀어주었다. 그날 두 사람은 정말로 많은 대화를 나누었고, 마음 깊은 곳이 충만하게 채워지는 경험을 했다.

한번은 이런 적도 있었다. 해외여행을 마치고 돌아온 엘리사가 친구를 만나 여행지에서 보고, 듣고, 경험한 일들을 신나서 이야기하기 시작했다. 마침 친구가 몇 달 전에 같은 곳을 다녀왔다는 사실을 알고 있었기 때문이다. 그런데 친구가 건성으로 고개를 끄덕이다가 "너는 새 발의 피만 보고 온 거야. 겨우 한 번 다녀온

걸로 그곳을 제대로 봤다고 하기에는 무리야."라며 본인의 경험담을 소리 높여 풀어놓기 시작했다. 분위기는 찬물을 끼얹은 듯 점점 가라앉았고, 두 사람의 대화는 재미없게 마무리되었다.

평소에 다른 사람과 어떤 식으로 대화를 나누는지 떠올려보라. 대만의 유명 방송인 차이캉융은 "세상 모든 사람은 자기 얘기를 하고 싶어 한다. 그것은 어쩔 수 없이 타고난 인간의 천성이다."라고 말했다. 사람들이 보통 어떤 말을 시작할 때 "나는 말이야…."라고 하는 이유도 그래서다.

그렇지만 더 재미있는 대화를 나누고 싶다면 나에 대한 이야기는 잠시 접어두고 상대가 그 '천성'을 마음껏 발휘할 수 있도록 배려해주어야 한다. 이는 마치 대화의 포문과도 같아서 한 번 열어주면 시간이 지날수록 점점 많은 대화를 나눌 수 있으며, 상대는 자신이 존중받는다고 생각해 당신에게 감사한 마음이 생길 것이다.

상대의 말에 매우 호기심 있다는 걸 직접적으로 표현하는 것도 흥미로운 대화를 나눌 수 있는 방법이다. 단, 대화 중에 상대를 평가하거나 판단해서는 안 된다. 내 부족함과 무지함을 인정하면 자연스럽게 상대가 하는 말에 주의력을 집중하게 되고 더 다양한 지식을 얻기 위해 경청하게 된다. 그러면 시선이 자연스럽게 상대에게 고정되면서 몸도 그쪽으로 기울어진다. 대화를 나눌 때 상대에게서 어떤 소중한 보물을 하나 얻어간다고 생각해보자.

대화를 나누는 상대에게 호기심을 품으면 화제가 자연스럽게 이어지기 때문에 중간에 대화가 끊어지지 않는다. 이런 대화를 나누면 서로 알고 싶은 내용과 지식을 새롭게 얻을 수 있을 뿐 아니라 상대를 존중한다는 느낌을 줄 수 있으므로 만남이 계속 이어진다.

대화할 때 내가 모르는 부분에 대해 솔직하게 '모른다'고 말하는 것도 아주 중요하다. 나의 부족함을 애써 숨기거나 감추려고 하지 말자. 그렇다고 아는 부분을 지나치게 강조하거나 으스댈 필요도 없다. 솔직하고 진솔한 사람이 더 많은 지혜를 얻는다는 점을 기억하라. 그러면 대화의 수준이 한층 올라갈 것이다.

부정하는 말로 대화를 시작하지 마라

아무리 좋은 의도라도 상대의 말에 '아니'라고 말하면 상대는 부정당하는 느낌을 받는다. 그리고 이런 느낌은 대화를 겉돌게 만든다.

대화를 나눌 때 먼저 누군가를 험담하거나 상대의 말을 일단 부정한 다음 자기 생각을 말하는 사람들이 있다. 하지만 이런 소통 방식은 무의식중에 대화를 가로막는다. 설령 계속 대화를 이어간다고 하더라도 좋은 분위기를 이어가긴 힘들다.

"요즘 예매율 1위라는 영화를 봤는데, 나는 그냥 그랬어."라고 친구가 말했다고 치자. 그 영화를 봤고, 같은 느낌을 받았더라도 당신이 어떤 사람인가에 따라 반응이 달라진다. 자기 관심사와 기호에만 관심 있는 사람이라면 어떻게 답할까? "맞아. 그 영화 진짜 쓰레기야. 처음부터 끝까지 천박하기 짝이 없어.", "그러니까! 그 감독 취향이 너무 싸구려야. 대중들 수준이 딱 그렇구나 싶어서 앞으로는 예매율 1위 영화는 안 보려고."라고 말하면 그 영화에 대한 이야기는 여기서 끝이 난다.

만약 당신의 관심사만이 아니라 좀 더 넓게 세상을 볼 줄 아는 사람이라면 "맞아. 전체적인 스토리는 좀 아쉬웠어. 그래도 주연배우 연기는 좋더라.", "좀 아쉽지? 그래도 몇 장면은 기억에 남아. 감독이 무슨 말을 하고 싶어 하는지도 알겠고. 신인이라니까 점차 좋아지지 않을까?"라고 말하면 대화는 자연스럽게 이어진다. "맞아. 배우가 연기를 잘하기는 했어.", "그러게. 눈이 즐겁긴 하더라. 입체감이랑 사실감이 어마어마했어."

설령 서로가 같은 생각이라 하더라도 부정적인 내용 즉 남을 비난하고 질책하고 깎아내리는 이야기는 누구에게도 도움이 안 된다. 그 자리에서는 즐겁게 대화했더라도 대화의 내용이나 당시에 사용한 단어의 느낌 같은 것들이 무의식중에 그 사람의 인상으로 남기 때문에 당장은 재미있는 사람이라고 생각할지 몰라도 길게 보면 믿을 수 없는 사람이라고 생각하게 된다.

'앞에서 보면 언덕이지만 옆에서 보면 산봉우리'라는 말처럼 사물을 바라보는 견해와 생각은 사람마다, 입장마다, 상황에 따라 다를 수 있다는 점도 늘 염두에 두어야 한다.

다른 예를 들어보자. 만일 당신이 가전제품을 판매하는 직원이라고 가정해보자. 고객에게 어떤 제품을 추천했는데 "네, 한번 생각해볼게요."라는 대답이 돌아오면 어떻게 반응하겠는가? "고객님! 이렇게 좋은 제품은 생각해볼 필요도 없어요. 망설이는 사이에 금방 없어져요. 지금 당장 사셔야 해요!" 누가 봐도 이는 고객의 생각을 부정하는 말이다. 이런 말을 들으면 마음이 불편해지고 거부감이 든다.

그런데 만일 점원이 이렇게 말한다면 어떨까? "네, 고객님 편하신 대로 하세요. 충분히 생각해보고 결정하셔도 됩니다. 그런데 혹시 어떤 부분 때문에 구매를 망설이시는지 여쭤봐도 될까요?" 고객은 자신이 바라는 바를 솔직하게 말할 수 있을 것이다. 즉 먼저 상대의 입장을 존중해주면 자신이 원하는 바도 얻어낼 수 있다. 이것이 바로 대화의 기술이자 처세의 기술이다.

상대의 관심사가 아무리 나와 다르다고 해도 미리 담을 쌓거나 색안경을 끼고 바라볼 필요는 없다. 세상에는 나와 같은 사람이 하나도 없다는 것을 명심하라. 설사 비슷한 듯 보여도 알고 보면 다 다르다. 상대를 존중하는 마음, 따뜻한 언어만이 사람 사이에 담을 없애고 관계를 돈독하게 만들어준다.

화려한 수식어보다
질문을 잘하는 게 더 중요하다

당신의 이야기를 많이 하지 않아도 된다. 대신 질문을 많이 해서 상대의 이야기를 끌어내라.

미국 장르물 드라마에 한 번쯤 빠져본 사람들은 알 것이다. 주인공들이 법정에서 벌이는 첨예한 대립과 설전이 얼마나 박진감 넘치고 흥미진진한지. 그런 장면을 최고로 만드는 가장 중요한 요소는 뭐니 뭐니 해도 '질문'이 많이 들어있는 대사일 것이다. 그렇지만 현실 속에서 사람들은 질문의 중요성을 쉽게 간과하는 경향이 있다.

예를 들어 차를 새로 장만한 지인과 대화를 나누게 되었다고 하자. "나 이번에 차 새로 샀어."라고 신나서 말하는 상대에게 "우리는 차 없앴어. 대중교통도 좋은데 굳이 뭐 하러. 너도 곧 알게 될 거야."라고 하면 말 그대로 '김이 새는' 대화가 되어버린다. 다시 말해 자기 위주의 이야기를 나누면 대화는 금방 종료된다.

물론 내 이야기를 해도 된다. 하지만 대화의 주 내용은 내 이야기가 아니라 상대에게 던지는 질문이어야 한다. '누가', '언제', '어디서', '왜' 같은 질문을 많이 하면 대화는 자연스럽게 활기를 띤다. 다시 예를 들어보자. 차를 샀다고 말하는 지인에게는 어떻게 말하는 것이 좋을까? "축하해! 우리는 차 없앴는데, 어떤 차 샀어?"라고 하면 이야기가 계속 이어진다.

질문을 잘하면 상대의 대답을 편안하게 끌어낼 수 있기 때문에 대화의 양도 많아지고 질도 좋아진다. 질문을 잘하려면 자신이 아닌 상대를 더 배려하고 고려해야 한다. 내가 좋아하는 것, 관심 있는 일에만 몰두해서 자기 이야기를 늘어놓지 않도록 주의하자. 세상 모든 사람은 자기 이야기를 하고 싶어 하기 때문에 상대가 먼저 자기 이야기를 쏟아내면 기회를 빼앗겼다고 생각해 대화에도 흥미를 잃기 십상이다. 그렇다고 '호구조사'처럼 상대에게 취조하듯이 질문하는 것은 역효과를 일으킨다.

그렇다면 말재주가 좋으면 대화도 잘할까? 꼭 그렇지는 않다. 혼자서는 말을 잘하는데 대화는 어려워하는 사람도 있다. 대화는 최소한 두 사람이 주고받는 상호작용이기 때문에 적절하게 반응하고 적절한 질문을 던질 수 있어야 하는데, 그게 되지 않는 것이다. 대화를 나눌 때 중요한 요소를 순서대로 나열하자면 '질문 〉 경청 〉 표현'이라 할 수 있다.

가령 누군가에게 재미있는 동영상 채널을 소개하고 싶다면 먼저 "너는 요즘 어떤 채널 주로 봐?"라고 물어보는 게 좋다. 아무 맥락 없이 냅다 "그 채널 봐봐, 진짜 재밌어."라고 하면 상대는 마음속으로 '너나 봐. 나는 관심 없어.'라며 당신의 말을 귓등으로 넘길 것이다.

소통은 상대의 생각을 알고, 내 생각을 전달하는 것이기 때문에 질문을 하고 질문을 받는 과정은 필수불가결하며, 상대의 생각을 먼저 물어보고 경청한 뒤 자신의 생각대로 문제를 해석하고 설명하는 것이 올바른 방식이다.

듣지 않으면 질문을 할 수 없고, 질문을 할 줄 모르면 들을 수 없다. 그러면 상대는 자신을 표현하고자 하는 욕구를 채울 수 없으니 아무리 당신이 좋은 얘기를 많이 한다고 해도 소통의 효과는 반감될 수밖에 없다.

출장을 자주 다니는 워킹맘이 있었다. 그래도 그녀는 집에 있는 날이면 항상 딸이 잠들 때까지 곁에서 그림책을 읽어주었다. 그런데 하루는 딸이 아무리 기다려도 잠이 들지 않았다.

"엄마, 내일 또 출장 가요?"

"응."

"며칠 동안 가는데요?"

"세 밤 지나면. 일요일 저녁에 올 거야."

"엄마, 안 가면 안 돼요? 나는 엄마 옆에 있고 싶어!"

딸은 울먹이다가 그녀가 손을 잡아주자 그만 크게 울음을 터뜨렸다. 엄마는 아이를 품에 안고 한참을 토닥여주었다.

그런데 만일 여기서 엄마가 적절한 질문을 활용해서 딸과 대화를 나눴다면 어땠을까?

"호연아, 엄마가 맨날 왜 출장 간다고 했지?"

"회의하러요."

"맞아. 그런데 이번에는 아니야. 그럼 왜 갈 것 같아?"

"몰라요."

"이번에는 새로운 걸 배우러 가는 거야. 엄마가 열심히 공부하고 오면 호연이를 위해 더 많은 이야기를 해줄 수 있어."

"왜 교육을 받으면 재미있는 이야기를 더 많이 해줄 수 있어요?"

"교육을 받으면 새로운 것들을 더 많이 알게 되거든."

"그래요? 알겠어요."

딸은 서운한 마음이 조금 누그러졌다.

아마 이후로도 대화는 계속되었을 것이다. 엄마는 아이를 응원하고 격려해주었을 것이고, 아이 역시 질문에 대답을 찾아가는 재미를 경험하며 안심하고 잠이 들었을 것이다.

상대에게 어떤 질문을 해야 할지 잘 모르겠다면 관심사를 먼저 알아보자. 거기서 당신과 겹치는 부분, 예를 들어 영화 관람이나 여행, 게임 등 좋아하는 게 같으면 그걸로 질문을 하면 된다. 공통의 관심사가 없다면 상대의 취미나 좋아하는 음식 등을 가지고 질문하라. 즉 내 위주의 대화가 아닌 상대 위주의 대화를 하면 이야기는 막힘없이 줄줄 이어질 것이다.

대화에도
인내심이 필요하다

대화할 때 아는 척을 많이 할 필요는 없다. 대신 상대가 아는 부분을 인정하고 칭찬해주어라. 진심으로 상대의 말에 끝까지 귀를 기울이면 그의 마음은 활짝 열릴 것이다.

다른 사람의 말에 아무리 귀를 기울여도 길어야 10분이다. 10분 정도 지나면 집중력이 떨어지기 시작하고 시선을 다른 곳으로 이리저리 돌리게 마련이다. 심지어 휴대전화를 만지작거리거나 대놓고 딴짓을 하기도 한다.

대화를 나눌 때 종종 발생하는 문제 중 하나는 상대의 이야기에 끝까지, 인내심을 가지고 경청하지 않는 것이다. 그런 사람들은 "처음부터 끝까지 열정적인 대화를 나누는 게 얼마나 어려운 일인데요!"라고 말한다.

특히 처음 만난 사람과 무슨 얘기를 나눠야 하는지, 어떻게 하면 재밌게 대화를 할 수 있는지 잘 모르는 사람들이 많다. 이런 사람일수록 상대의 이야기에 집중하지 못하고 자꾸 딴생각을 한다.

이런 사람들에게 추천하는 방법이 있다. "왜?", "어떻게?"라는 질문을 많이 하는 것이다. 이런 질문은 상대가 말을 지속하도록 유도하는 가장 좋은 방법이다. 또 "정말!", "그래?", "진짜?" 등의 말로 리액션을 보여주거나 그 사람이 했던 말 중에 중요한 단어나 문장을 따라서 말하면 대화를 끊어지지 않게 할 수 있다.

리액션의 목적은 대화를 지속하는 것이다. 상대가 하는 말을 같이 따라 하면서 거기에 약간의 질문을 더함으로써 대화의 '공'을 계속해서 상대의 손에 넘겨주자. 대화의 주제가 아무리 깊고 어려워도 이 방법은 무난하게 통한다. 다음과 같이 우리가 흔히 접하는 상황에 적용해보자.

상황 1

"이번에 다른 사람 디자인을 똑같이 표절한 작품이 상을 받았대."

"정말? 어떻게 그런 일이 있을 수 있지?"

상황 2

“인사 고과 평가를 해야 하는데, 자잘한 일거리가 너무 많아.”

“그러게. 그럴 것 같아.”

상황 3

“그 배우 음주운전 때문에 출연 금지당했대. 왜 그랬을까?”

“그랬구나. 왠지 안 보이더라.”

소통의 목적은 상대에 대한 관심을 계속 유지하는 것이다. 당신이 그의 이야기에 충분히 귀 기울이고 있다는 느낌을 주어 계속 말하고 싶은 욕구가 생기도록 유도하는 것이다. 누군가와 대화를 나눌 때는 그 사람의 말이 끝날 때까지 충분히 기다려줘야 하며, 상대가 당신의 리액션을 바라는 모습을 보이면 그때 대답을 해주거나 맞장구쳐 주면 된다.

경청과 리액션은 상대에게 관심을 표현하는 긍정적인 피드백에 속한다. 이런 피드백은 대화의 즐거움을 더하고, 말하는 사람으로 하여금 계속 자기 이야기를 하고 싶어 하게 만든다. 상대가 나에게 집중하고 있다는 생각은 말을 할 수 있는 용기와 자신감을 주기 때문이다. 기억해야 할 점은 ‘발언권’을 먼저 상대에게 넘겨준 뒤 인내심을 가지고 끝까지 그의 이야기를 경청해주는 것이다.

그러므로 대화가 끊어지지 않게 하려면 방금 말한 방식으로 리액션을 보이는 것이 좋다. 상대가 하는 말에 전혀 관심이 없거나 재미를 느끼지 못해도 노력해보자. 그러한 리액션이 어색한 침묵을 사라지게 만들며 상대에게 충분히 말할 시간을 마련해줄 수 있다. 어쩌면 그걸 계기로 상대는 생각지도 못했던 이야기까지 술술 풀어내며 당신을 놀라게 할지 모른다.

'실시간 이슈'를 많이 알면 대화의 달인이 될 수 있다

세상에는 별의별 일이 다 일어난다. 최신 뉴스나 실시간 이슈를 알면 대화를 할 때 요긴하게 활용할 수 있다.

'말 잘하는 법'에 관한 정보는 어디서나 쉽게 구할 수 있다. 서점만 가도 관련 도서가 수두룩하다. 그런데 문제는 그런 책을 다 읽은 후에도 여전히 대화를 잘하지 못한다는 점이다. 물론 몇몇 문장을 달달 외워서 실제 상황에 적용해볼 수는 있다. 하지만 매번 같은 대화 패턴을 사용한다는 걸 상대가 알아차리기라도 하면 오히려 분위기는 어색해진다.

그런데 사회적 이슈나 사람들이 주목하는 정보 등은 소소한 한담이나 진지한 대화에도 적용할 수 있다. 특히 직장인의 경우 나이 차이가 많이 나는 선배나 취향이 전혀 다른 동료와 잘 어울리고 싶을 때 유용하다.

우연히 아는 사람을 만난 경우에는 대다수가 상대의 패션이나 오늘의 날씨, 혹은 상대의 외모 변화 등에 관해 주로 이야기를 나눈다. 하지만 그런 대화는 길어야 5분이다. 그럴 때는 자연스럽게 최근의 이슈로 이야기를 이어가는 게 좋다. “이번 장맛비는 정말 길게 내리네요. 남쪽은 침수 피해가 심하더라고요.”라는 등의 말로 화제로 돌리는 것이다.

최신 이슈는 어떤 의미에서 보자면 대화의 ‘만능 치트키’ 역할을 하며 실용성도 매우 높다. 가령 남자 동료와 대화를 나눌 때는 최신 디지털 기기나 자동차에 관해, 여자 동료와 대화를 나눌 때는 연예인 이야기나 최신 쇼핑 목록에 관한 이야기를 나누면 거의 실패하지 않는다. 하지만 정치에 관한 이야기는 논쟁의 소지가 있으므로 주의하는 것이 좋다.

최신 연예 뉴스는 가장 안전하면서 재미있게 사람들과 어울려 대화를 나눌 수 있는 소재다. 본인의 사생활에 관해 이야기하길 주저하는 사람도 누구나 다 아는 스타나 연예인에 관한 이야기는 무난하게 나눌 수 있다.

맛집 ‘핫플레이스’에 관한 이야기 역시 사람들과 잘 어울릴 수 있는 화젯거리다. 최근 알아낸 특색 있는 레스토랑이나 바, 사진

찍기 좋은 베이커리나 카페 등에 관한 소식을 알고 있으면 대화를 나누는 데 많은 도움이 된다.

로컬 이벤트나 쇼핑몰 경품 행사, 온라인 특가 할인 같은 소식도 유익한 정보가 될 수 있다. 주말 가족 나들이나 손님 접대 등을 계획하는 사람들은 이벤트를 준비할 때 그러한 정보에 능통한 당신을 가장 먼저 떠올리고 당신에게 여러 조언을 구할 것이다. 그렇게 되면 자연스럽게 사무실 안에서 인기 있는 인물로 거듭날 수 있다.

사람들과 대화를 나누고 싶은데 무슨 말을 해야 할지 모르겠다면 평소에 소소하지만 생활에 도움이 되는 정보에 관심을 가지고 기억해두는 것이 좋다. '할 말 있는' 사람이 되려면 먼저 당신이 가진 '이야기보따리'를 풍성하게 채워둬라.

상대의 약점을 건드리지 않도록 조심하라

어색한 분위기를 견디지 못해 아무 말이나 하다 보면 의도하지 않게 상대의 약점이나 상대가 꺼리는 이야기를 하게 되는 경우가 있다. 이는 매우 치명적인 실수다.

대화를 나누고 싶은데 어쩐지 사람들이 자꾸만 당신을 피하진 않는가? 대화를 나누기만 하면 이상하게 그때마다 상대가 기분 나빠 하지는 않는가? 왜 그럴까? 당신의 말이나 행동이 상대의 '금기 구역'을 침범했기 때문이다.

미주는 얼마 전 공항에서 우연히 대학 동기를 마주쳤다. 반가운 마음에 한참을 신나게 떠들다가 갑자기 미주는 무언가 떠올랐다는 듯 친구에게 물었다.

"맞다! 너 결혼했지? 남편은 같이 안 왔어? 너희 남편 엄청 잘 생겼다고 소문났던데!"

그러자 친구 얼굴에서 미소가 사라졌다.

"이혼했다는 소문은 아직 안 났나 보네. 우리 얼마 전에 헤어졌어."

오랜만에 만난 대학 동기에게 자기가 이혼했다는 말을 편하게 할 수 있는 사람은 없을 것이다. 미주가 친구의 이혼 소식을 알고 일부러 난감하게 만들려고 그런 질문을 던진 것이 아니라도, 그 친구에게 미주는 하필이면 그 시간, 그 장소에 있다가 맞닥뜨린 반갑지 않은 대학 동기로 기억에 남을 것이다.

한 번 내뱉은 말은 주워 담을 수 없다. 설사 좋은 뜻으로 한 말이라고 해도 상대에 따라서는 다르게 들릴 수 있다. 이를 수습하려면 상상했던 것보다 훨씬 더 많은 노력을 해야 한다. 심지어 그렇게 하고도 결과를 장담할 수도 없다. 왜 그런 고생을 사서 한단 말인가?

물론 미주는 억울할 수 있다. 친구가 이혼했다는 것을 알았다면 그런 사적인 질문 대신 날씨, 여행지, 다른 친구 이야기의 근황 정도만 이야기했을 것이다. 몰랐던 게 죄는 아닌데, 민주는 괜히 자기가 잘못을 한 것 같은 죄책감에, 자신이 왜 그런 이야기를 했을까 하는 후회까지 해야 했다.

잘 모르거나 오랜만에 만난 사람과 대화를 나눌 때는 '금기 구역'에 함부로 발을 디디지 않도록 주의해야 한다. 특히 수입, 결혼 여부, 배우자, 자녀 유무, 자녀 성적 등은 이야기하지 않는 것이 좋다. 종교나 정치, 철학 등 논쟁의 소지가 있는 대화 소재도 최대한 피하라.

하지만 안타깝게도 이 '금기 구역'에 난입해 상대의 사생활을 파헤치고 싶어 하는 사람이 너무 많다. 설마 "왜 아직 결혼 안 했어?", "아이는 왜 안 낳아?", "연봉이 얼마야?", "지금 사는 아파트는 얼마야?"라는 질문으로 정말 상대와 더 가까워질 수 있다고 생각하는가? 오산이다. 이런 질문은 대화는 물론 상대와의 관계를 망치는 지름길이다. 상대를 괴롭히려고 하는 의도가 없어도 이런 이야기는 상대를 괴롭히게 될 수 있다는 사실을 명심하라. 아무리 친해지고 싶어도 이런 질문은 삼가는 것이 좋다. 이런 질문은 오랜 기간 서로 친분을 두텁게 쌓은 상태에서나 가능하다. 그것도 모든 사람이 가능한 것이 아니라 가능한 사람이 일부 있다. 그러니 만일 대화하는 도중에 어쩔 수 없이 이런 부분에 관해 이야기를 나누게 된다면 절대로 단도직입적으로 물어보지 말고 최대한 완곡하게 질문하라.

제6장

난처한 상황을 극복하는 법

얼굴은 아는데 도저히 상대의 이름이 생각나지 않을 때, 누군가의 논쟁에 휘말렸을 때, 한 번 입을 열면 30분은 쉬지 않고 떠들어대는 상대를 만났을 때…. 이렇듯 난처한 상황 속에서도 상대를 무안하게 만들지 않으면서 자연스럽게 대처하는 방법이 있다.

상대의 이름이 생각나지 않아도
잘 대처할 수 있다

누군가를 만나 대화를 나눌 때는 먼저 자기소개를 하자. 이름을 말할 때는 천천히, 또박또박 알려주는 것이 좋다. 그러면 상대도 당신처럼 할 것이다.

얼굴도 똑똑히 기억나고 뭘 하는 사람인지도 아는데, 도통 이름이 떠오르지 않았던 경험이 있는가? 아무리 생각해봐도 마치 그 사람의 이름만 일부러 기억 속에서 지우기라도 한 듯 도저히 떠오르지 않을 때가 있다. 정말 오랫동안 재밌게 대화를 나눴는데, 정작 상대의 이름은 기억하지 못할 때도 있다.

이처럼 상대방의 이름을 기억하지 못해 난처했던 경험이 누구나 한 번쯤 있을 것이다. 심지어 방금 이름을 물어봐 놓고도 돌아서면 잊어버리는 경우도 있다. 상대가 대수롭지 않게 넘어가거나 이해해주는데도, 오히려 본인 자신이 더 어쩔 줄 몰라 하고 죄책감을 느낄 수도 있다. 혹시나 상대가 자신을 무시한다고 오해하면 어쩌나 하는 걱정을 하게 될 수도 있다. 그런 당신을 위한 몇 가지 팁이다.

상대의 이름을 부르지 않아도 상황은 얼마든지 무마할 수 있다. "어! 오랜만이야!", "와! 여기서 다 만나네!", "여전하네!", "너무 오랜만이다. 그동안 잘 지냈어?"라고 이름을 직접 거론하지 않고도 반가움을 표시할 수 있다.

물론 예외도 존재한다. 가령 친교 행사나 콘퍼런스 등 공식 행사에서 만난 사람들은 이름을 꼭 기억해야 한다. 이럴 때는 누군가 본인의 이름을 알려주면 몇 번이고 반복해서 외워보자. 반복할수록 그 사람에 대한 인상이 깊어진다. 동시에 이름을 되뇔 때마다 상대의 얼굴을 보도록 하라. 기억이 더 짙어질 것이다. 우리가 상대의 이름을 기억하지 못하는 이유는 대부분 충분히 상대에게 집중하지 않거나 상대가 자기를 소개할 때 다른 생각을 하기 때문이다.

당신이 들은 이름을 원래의 기억 속에 있는 정보와 연결해 저장하도록 하자. 가령 방금 소개받은 사람이 유명인 누구누구와 닮았다고 생각해보는 것이다. 가장 좋은 방법은 그 사람의 이름 중에서 핵심이 되는 어떤 글자를 다른 단어와 연관 지어서 기억하는 것이다.

마지막으로 상대에게 명함을 요청하고 집에 돌아간 뒤 명함에 그 사람의 인상착의나 그와 나누었던 대화 내용 등을 적어두도록 하자. 당신만 기억할 수 있는 짧은 단어나 기호라도 상관없다. 그 사람을 기억하기 위한 당신만의 '장치'라고 생각하면 된다.

마땅히 기억해야 할 이름이 도무지 생각나지 않는 상황에서는 당연히 당황할 수 있다. 예를 들어 정말 오래 알고 지낸 사이로 서로의 근황도 잘 알고 있는 상황인데 만났을 때 이름이 떠오르지 않는 경우다. 그럴 때는 자연스럽게 대화를 통해 이름을 알아낼 수 있다.

"혹시 그런 적 있어? 익숙한 게 갑자기 생각나지 않을 때 말이야. 분명히 알고 있었는데 까마귀 고기라도 먹은 것처럼 도저히 생각나지 않을 때."

"오늘은 하루 종일 머리가 잘 안 돌아가. 이상해."

"너도 이런 적 있었어? 집 현관 비밀번호가 생각이 안 난다거나 친한 친구 이름이 생각 안 날 때."

"미안. 생각이 안 나서 그러는데, 성이 뭐였더라?"

다른 사람도 똑같이 당신의 이름이 떠오르지 않을 수 있다. 그럴 때는 서운해하거나 화내지 말고 다정하게 인사를 나누면서 다시 한번 당신을 소개하도록 하라. 이름을 말할 때는 천천히, 또박또박 알려주는 것이 좋다.

어리석은 말에는 대가가 따른다

감정을 못 이겨 내뱉는 말, 상대를 깎아내리는 말 등은 날카로운 칼이 되어 상대의 심장을 찌르고 결국 당신의 감정도 상하게 한다. 말을 할 때는 지혜가 필요하다.

사람을 만나 소통하고 친밀한 관계를 형성할 때 가장 큰 역할을 하는 것은 다름 아닌 언어다. 그런데 우리는 때때로 현명하지 못한 처사로, 충분히 생각하지 않고 본능에 이끌려 말해버리는 탓에 다른 사람의 마음을 다치게 하고 힘들게 한다. 심지어 화가 나면 심한 욕설을 쏟아내거나 상대를 깎아내리고 무너뜨리는 말을 습관처럼 하기도 한다. 이런 말들은 상대의 좋은 의도를 형편없는 것으로 만들어 버리고 그 사람과의 거리를 멀어지게 한다.

언어는 엄청난 힘을 지녔다. 어리석은 말은 우리의 인생길에 예고 없이 떨어지는 천둥 번개와도 같다. 거짓 뉴스가 가짜를 진짜로 만들어 버리는 힘이 있듯, 어리석은 말은 날카로운 칼이 되어 상대의 심장을 찌르고 서로의 감정을 상하게 한다.

어쩌면 이런 경험을 해본 사람들이 있을 것이다. 다른 이웃에게 아랫집 이웃을 열심히 흉보고 있는데 그 집 식구가 옆으로 지나간 경험, 회사 점심시간에 동료에게 열심히 상사 험담을 했는데 사실은 상사가 자리에 앉아 그 얘기를 다 듣고 있었던 경험, 직장 동료들에게 공공장소에서 담배 피우는 사람을 욕했는데 알고 보니 그중에 애연가가 있었던 경험 등….

우리가 하는 말 한마디 한마디는 모두 우리를 대변한다. 우리가 말하는 방식은 그 사람이 똑똑한지, 아니면 어리석은지를 판단하는 기준이 된다. "어리석은 사람은 입으로 말하고, 똑똑한 사람은 머리로 말하며, 지혜로운 사람은 마음으로 말한다."라고 했다.

말로 실수를 저지른 뒤에 아무리 사과한다고 해도 상대는 그때의 상처를 쉽게 잊지 못한다. 그러므로 말로써 이미지를 깎아내리지 않으려면 예방하는 것이 가장 좋다. 최대한 침묵을 유지하면서 스스로 통제한다면 머릿속에 떠오르는 말들을 여과 없이 내보내는 일은 많이 줄어들 것이다.

한 번 내뱉은 말은 엎질러진 물과 같아서 주워 담기 어렵다. 그렇다면 말로 실수를 저질렀을 땐 어떻게 해야 할까? 다른 방도가 없다. 진심을 다해 사과해야 한다. 잘못을 충분히 깨달았으며 그러한 잘못을 저지른 걸 후회하고 있다는 마음을 진정성 있게 상대에게 전달해야 한다.

"내가 너무 어리석었어."

"정말 바보 같았어. 어떻게 해야 네 마음이 풀릴지 모르겠다."

"용서해 줘. 내가 잘못했어."

"정말 미안해. 네 입장을 고려하지 못했어."

"이렇게 바보 같은 날 용서해줄 수 있겠니?"

"내가 그렇게 말하면 안 되는데. 정말 후회하고 있어. 진심으로 미안해."

진심이 느껴지지 않는 사과는 오히려 분위기를 더 험악하게 만들 뿐이다. 말뿐인 사과는 사랑하는 사람을 눈물 흘리게 하고, 가족은 한숨 쉬게 하며, 친구를 등 돌리게 하고, 동료들을 멀어지게 한다. 생각 없이 내뱉는 말, 어리석은 말은 반드시 대가를 치르게 되어있다는 걸 기억하라.

논쟁에 휘말리면 이성적으로 대처하라

우리의 의견 하나하나가 논쟁을 벌이는 당사자들에게는 지대한 영향을 줄 수 있다. 논쟁의 결과는 당사자들이 책임져야 한다는 사실을 명확히 알려주어야 한다.

살다 보면 어딜 가나 논쟁과 싸움이 존재하는 걸 발견한다. 논쟁의 당사자들은 여간해서는 의견 합의를 보지 못한다. 전부 서로 옳다고 우기기 때문이다. 그런데 당신이 그런 상황에 처한다면, 더군다나 논쟁의 당사자들과 잘 알고 지내는 사이라면 그들을 중재하고 화해시키는 게 옳다. 말 한마디 한마디에 신중을 기울여야 한다. 그렇지 않으면 불을 끄는 게 아니라 오히려 기름을 붓는 꼴이 될 수 있다.

그들의 논쟁이 당신 때문에 일어난 게 아니라면 당신까지 이성을 잃고 큰 소리를 낼 필요는 없다. 하지만 일단 상황에 맞닥뜨렸으니 당신의 입장은 전달하는 것이 좋다. 논쟁이 어디서 어떻게 시작되었든 남들이 보는 데서 싸우고 있다면 피차 좋을 게 하나도 없다.

중국에 "군자는 장기 두는 걸 보면서 훈수 두지 않는다."라는 말이 있다. 장기판 옆에서는 이래라저래라 관여하면서 기수를 혼란스럽게 하면 안 된다는 뜻이다. 이 규칙은 비단 장기판뿐만이 아니라 다른 상황에도 두루 적용할 수 있다.

가령 논쟁을 벌이는 당사자들이 관찰자인 당신에게 객관적인 의견을 말하도록 요청하는 경우, 당신은 한 가지만 기억하면 된다. 관찰자로서 할 수 있는 일과 말은 제한적이다. 이성적으로 사고하는 사람이라면 '지금 내가 말싸움에 휘말렸으며, 어떻게 하면 여기서 잘 빠져나갈 수 있을까.'를 먼저 생각해야 한다. 당신의 몇 마디로 그들의 가치관과 생각을 바꿀 수 없다. 게다가 그건 당신 책임이 아니다. 그러므로 당사자들의 생각을 충분히 존중한다는 입장만 밝히면 된다.

한 연인이 크게 다투었다. 하지만 그들은 여전히 서로를 깊이 사랑했다. 다툼이 있고 사흘째 되던 날, 두 사람은 각각 한 친구를 찾아갔다. 두 사람이 같이 아는 친구였다.

"나는 둘 다 이해가 돼. 누구 잘못이 아니라 서로 다른 것뿐이야."

"그럼 내가 먼저 다가가는 게 맞아?"

"글쎄. 맞고 틀리고는 모르겠고, 두 사람이 서로 사랑한다면 어떻게든 다시 만나게 될 거야."

친구는 똑같이 말했고, 두 연인은 잠자코 서로를 기다렸다. 먼저 찾아가고 싶은 마음이 굴뚝같았지만, 그래도 참았다. 그렇게 시간이 흘렀고, 결국 두 사람은 각자의 길을 걸어갔다.

연인의 갈등은 그들 당사자의 문제다. 우리는 당사자가 아니기 때문에 그 갈등의 결과를 책임질 필요가 없다. 하지만 관찰자의 의견 하나하나는 사건의 향후 추이에 지대한 영향을 줄 수 있다. 그러니 최대한 개인적인 조언을 삼가고 당사자들에게는 결과는 본인이 책임져야 한다는 사실을 명확히 알려주어야 한다.

물론 그 갈등 한복판에서 한발 물러서기 전에 상대의 체면 정도는 세워줄 필요가 있다. 당신의 중재가 화난 그들의 마음을 가라앉히는 데 많은 도움이 될 것이다.

"이 문제는 각자 다시 생각해보고 다음에 또 말해보는 게 어때요?"

"두 분 다 맞는 말씀이어서 결론을 내기가 어려운 게 당연해요. 잠시 커피 타임을 가지면 어때요?"

"다른 사람들은 어떻게 생각하는지, 게시판에 한번 올려보면 어때요?"

"비슷한 경우에 다른 사람들은 어떻게 했는지 한번 찾아볼까요?"

이렇게까지 얘기했는데도 여전히 갈등이 가라앉지 않는다면 그들은 태생적으로 남들과 논쟁하는 걸 좋아하는 사람이거나 애초에 그 논쟁을 끝낼 마음이 없을 수 있다. 그렇다면 굳이 나서서 그들을 중재하거나 애써 싸움을 중단하려고 하지 않아도 된다.

민감한 문제일수록 냉정하게 말하라

남의 개인사에 관심이 많은 사람들이 있다. 그런 사람에게는 "죄송해요. 드릴 말씀이 없어요.", "제가 알아서 할게요."라고 말하고, 자기 이야기를 하기 좋아하는 사람에게는 "저한테 왜 그런 이야기를 하시는 거예요?"라고 말하면 된다.

남의 개인사나 가정사에 관심이 많은 사람이 있다. 그들은 어떻게든 상대에 관한 정보를 알아내기 위해 "한 달 수입이 얼마야?", "왜 아직도 싱글이야?", "이혼은 왜 한 거야?", "보험은 들었어?", "아버지는 뭐 하셔?", "이 상처는 왜 생긴 거야?", "와이프는 잘 지내? 본 지 오래된 거 같은데 둘이 무슨 일 있는 거 아니지?"라고 이런저런 질문을 한다.

사람들은 저마다 남들에게 굳이 드러내고 싶지 않은 개인사가 있다. 그러니 항상 남의 일을 궁금해하는 사람들에게는 "죄송해요. 드릴 말씀이 없어요."라고 대답하면 된다. 그리고 자신의 개인사를 드러내길 좋아하는 사람들에게는 "별로 관심 없어요."라고 대답하면 된다.

이처럼 남 얘기를 궁금해하는 사람은 다른 사람들에게 별로 인기가 없다. 남의 사정을 캐묻고 다니는 사람은 교양 수준도 떨어지거니와 상대에게 불편함을 안겨주기 때문이다. 그런 사람들은 결국 그것 때문에 화를 입기도 한다. 하지만 가끔은 당신의 개인적인 사정을 말해야 하는 특별한 상황이 일어나기도 한다. 이럴 때 당신에 관한 정보를 드러내고 싶지 않다면 다음의 몇 가지 방법을 참고하자.

1. 상대에게 반문하기

누군가 계속해서 당신의 개인적인 사정을 꼬치꼬치 캐묻는다면 그 사람에게 "그건 왜 물어보시는 거예요?", "그게 왜 궁금하신 거죠?", "그걸 왜 알고 싶으시죠?", "그래서 당신이 알고 싶으신 게 뭔가요?"라고 반문하라.

만일 상대가 당황해하면서 "아니에요. 그냥 궁금해서요."라고 대답한다면 "그래요?"라고 말하고 다른 이야기로 화제를 전환하면 된다. 가끔은 아무 일도 일어나지 않았던 것처럼 연기하는 것도 일종의 예의가 될 수 있다.

2. 바로 다른 화제로 돌리기

상대가 당신의 수입을 물어보면 “수입 얘기가 나와서 갑자기 생각난 건데요. 개인 소득세가 또 올라간다는 소식이 있더라고요?”라고 말해보자.

헤어진 지 오래된 배우자의 소식을 궁금해하는 사람에게는 “아! 그러고 보니 생각났네요. 지난주에 대표님 사모님을 우연히 회사 엘리베이터에서 만났어요.”라고 말해보자.

3. 직접 거절하기

상대의 질문이 마음을 불편하게 한다면서 “그건 왜 물어보시는 거예요?”, “그 질문엔 대답하기가 좀 곤란하네요.”, “죄송해요. 그 얘기는 다음에 하죠.”, “그 얘기는 지금 하고 싶지 않아요.”, “그건 저도 잘 모르겠어요.”, “그 질문은 조금 당황스럽네요.”라고 직접 마음을 드러내도 좋다.

4. 못 들은 척 자연스럽게 넘어가기

다른 일을 얘기하거나 아무 연관 없는 얘기를 하면서 “지난주에 산 감자에 싹이 났더라고. 어떻게 하면 보관을 잘할 수 있을까?", "맞다! 나 지난주에 산 복권이 5천 원에 당첨된 거 있지.", "그 영화 개봉했나?", "내일 거기서 팝업 행사하는데 연예인들도 온대."라고 자연스럽게 얼버무리거나 얼렁뚱땅 넘어가는 것도 괜찮다.

누군가 나의 개인적인 일을 캐묻는 건 실로 불쾌한 일이다. 반대로 남들도 똑같이 누군가 자기 사생활을 물어보면 불쾌함을 느낀다. 그러니 대화를 나눌 때는 상대의 프라이버시를 건드리지 않도록 주의하자. 이것은 대인관계에서 지켜야 할 가장 기본적인 매너다. 대화를 할 때는 당신의 질문이 그 사람의 프라이버시를 건드리진 않는지 먼저 생각하자. 만일 그렇다면 최대한 그런 질문을 삼가도록 하라. 그러면 상대는 당신을 편안하게 느끼고 당신을 좋은 사람이라고 인식할 것이다.

당신도
'분위기 메이커'가 될 수 있다

상황에 맞지 않는 말로 분위기를 망치는 '분위기 브레이커'가 되고 싶은 사람은 없다. 분위기를 살리는 '분위기 메이커'가 되고 싶다면 다른 사람 입장에서 생각하고 배려할 줄 알아야 한다.

말을 잘하는 것은 아주 중요한 능력이다. 이 능력은 개인의 노력으로 얼마든지 얻어낼 수 있다. 하지만 안타깝게도 많은 사람이 평생 그 능력을 길러내지 못하고 분위기를 망치는 '분위기 브레이커' 역할을 자처한다.

J는 어딜 가나 분위기를 깨는 것으로 유명했다. 동료들은 그녀가 너무 솔직하고 호탕한 탓이겠거니 생각했지만, 시간이 지날수

록 그건 성격이라기보다 그녀가 사람들과 소통하는 법을 모르기 때문이라는 사실을 깨달았다.

점심 식사 후에 동료들이 연예계 뉴스나 최근 개봉한 영화 이야기를 재미있게 하고 있으면 J는 쓱 가서 말했다.

"근데 대체 그 영화가 너희 삶이랑 무슨 상관이 있어?"

분위기는 순식간에 싸해지고 동료들은 하나둘 자리를 떴다. 그 중에는 정색하며 그녀에게 따지는 사람도 있었다.

"상관없지. 그냥 재미로 얘기하는 거야. 사람이 살면서 꼭 소용이 있는 일만 해야 해?"

그렇게 사무실 안에 그녀의 '적군'이 하나둘씩 늘어났다.

J는 무엇보다 자기 이야기를 하는 걸 좋아했다. 집에서 일어난 아주 사소한 일을 중대한 사건처럼 이야기한다거나 남편이 무슨 선물을 해주었는지, 아이들이 뭘 잘 먹는지 등을 얘기하고는 했다. 특히 남편이 자신을 얼마나 사랑하는지, 아이들 성적이 얼마나 좋은지 늘 자랑삼아 얘기했다. 처음에는 사람들도 맞장구를 쳐주었지만, 시간이 지날수록 그녀의 말에 귀 기울이는 사람은 없어졌다.

사람들은 시시콜콜한 남의 집 이야기에 그리 관심이 없다. 이렇듯 남을 존중하지 않고 이해하지 못하는 소재로는 사람들과 즐겁게 대화를 나누기 어렵다. 그런 사람은 점점 '분위기 브레이커'가 될 것이다.

분위기를 망치는 사람은 어디서나 사랑받지 못한다. 사람들이 그를 무시하거나 차별해서가 아니다. 지극히 정상적인 현상이다.

그런 사람이 되고 싶지 않다면 꼭 기억하자. 지식을 넓히되 다른 사람을 이해하고 존중하며 내면을 풍성하게 해야 한다. 만일 말재주가 없다면 말은 적게 하고 미소를 많이 짓도록 하라. 그것이 당신의 매력 지수를 올려줄 것이다.

수다쟁이를 만나도
자연스럽게 대처할 수 있다

쓸데없는 말을 늘어놓느니 차라리 아무 말도 하지 않는 편이 낫다. 때로는 경청이 가장 좋은 말하기가 되기도 한다.

《서유기》에 등장하는 삼장법사는 주변 사람들을 아주 힘들게 하는 인물이다. 말이 많아도 너무 많기 때문이다.

"원하는 게 있느냐? 그럼 말을 해라. 말을 안 하면 네가 뭘 원하는지 내가 무슨 수로 안단 말이냐. 네가 원하는 건 내가 다 해주마. 네가 원하는데 내가 안 해줄 이유가 뭐가 있겠느냐? 네가 원하는 걸 내가 너에게 어찌 안 주겠느냐? 설령 네가 괜찮다고 해도 내가 어떻게 해서든 찾아 주지 않겠느냔 말이다⋯."

똑같은 말을 또 하고 또 하면 듣는 사람이 힘들다. 이런 대화 상대를 만나면 사람들은 어떻게든지 자리를 피하고 싶어 한다.

A는 반전이 있는 사람이다. 낯을 가리는 편이라 처음 본 사람과는 말을 잘 하지 않아서 말수가 적다고들 생각하지만, 일단 친해지면 상대가 정신이 혼미해질 정도로 쉬지 않고 말을 한다. 기숙사 다른 방의 친구를 찾아가서는 잠깐 같이 이야기를 하다가 어느새 혼자 말을 독차지하고 있다. 지친 친구가 혼자 게임을 하거나 책을 읽어도 A는 쉬지 않고 말을 한다. 자기 방에 돌아가야겠다는 생각도 하지 않는다.

아마 당신 주변에도 쉬지 않고 말을 하는 '삼장법사'가 한 명쯤은 있을 것이다. 그들은 얼굴에 미소를 띠고 입에 엔진이라도 단 것처럼 쉬지 않고 떠들어댄다.

그들 중에서도 당신을 가장 힘들게 하는 건 조금이라도 다른 생각을 하는 것 같은 모습을 보이면 이름을 부르거나 어깨를 두드리면서 다시 주의력을 끌어모으려 한다는 것이다. 그러면서 "들어봐. 아마 이 얘기는 너도 정말 재미있어할 거야."라고 말한다. 만일 당신이 그의 말을 중간에 끊으면 "알겠어, 일단 이 얘기는 여기까지 할게. 그건 그렇고, 지난번에…."라며 또다시 이야기를 이어간다.

말하기를 좋아하는 사람은 좀처럼 지치지 않는다. '삼장법사' 기질을 타고난 사람들은 먹는 시간 빼고 계속 말을 하는 것이다.

하지만 슬프게도 그런 상황에서 당신을 구해줄 사람은 없다. 그 함정에 기꺼이 빠져들고 싶은 사람은 없기 때문이다. 이럴 때는 스스로 빠져나올 수밖에 없다. 물론 마음속으로는 '알았으니까 인제 그만해줄래?'라고 수백 번 말하지만, 그걸 입 밖으로 진짜 내뱉을 수는 없는 노릇이다. 그럴 때는 다음과 같은 말로 끊어주는 것이 좋다.

"맙소사! 약 먹을 시간인데 깜빡했네. 약 먹으러 가야겠어."

"아차! 고객한테 연락하기로 했는데. 미안해. 전화 한 통 하고 올게."

"네 시간을 너무 많이 뺏은 것 같아. 나는 기차 시간이 다 돼서 이만 가볼게. 다음에 만나!"

"죄송해요. 실은 아까부터 배가 살살 아팠는데 더 못 참겠네요. 화장실에 좀 다녀올게요."

지치지 않고 끊임없이 말하는 사람을 만나면 입을 막거나 '대체 언제까지 할 생각이야?'라고 말해버리고 싶겠지만, 그래서는 안 된다. 그들은 자신이 말이 많다는 걸 잘 인지하지 못하거나 남들 앞에서 주목받고 싶은 마음에 말을 쉬지 않는다. 관계가 틀어지지 않으려면 악의가 담긴 말보다는 상대가 알아차릴 수 있도록 귀띔을 해주거나, 차라리 그가 마음껏 말할 수 있도록 기다려 주는 편이 낫다. 그래야 관계에 금이 가는 일이 생기지 않을 것이다.

그런데 자신이 '삼장법사'라는 걸 깨달았을 때는 어떻게 해야 할까? 그럴 때는 의식적으로 자꾸만 말하고 싶은 마음을 억누르고 억양이나 단어 등을 미리 생각한 뒤 말하는 연습을 해야 한다. 기억하자. 쓸데없는 말을 주저리주저리 늘어놓는 것보다는 차라리 말을 하지 않는 게 낫다. 때로는 경청이 가장 좋은 말하기가 될 수 있다.

적절한 '셀프 디스'로 분위기를 바꿀 수 있다

'셀프 디스'는 내공 있는 사람만이 구사할 수 있는 수준 높은 유머다. 난처한 상황에 처했을 때, 적절한 '셀프 디스'로 분위기를 바꾸는 사람은 교양과 지혜가 넘치는 사람이다.

인생이 늘 생각한 대로만 흘러가는 건 아니다. 살다 보면 언제 어디서나 예상하지 못했던 난관을 만날 수 있다. 어렵고 힘든 난처한 상황에 처했을 때 당신은 어떻게 반응하는가? 이럴 때 '셀프 디스'의 방법으로 분위기를 전환할 수 있다.

줄리아는 80년대 활발하게 활동했던 여배우다. 하지만 시간이 지나면서 점점 체중이 늘어났고 중년의 나이가 되자 예전과는 달리 후덕한 모습을 갖게 되었다. 그래서 풀 파티나 해변에서 열리는 행사는 이런저런 핑계를 대며 거절하고는 했다.

한번은 모 유명 브랜드 런칭 행사에 참석한 그녀에게 한 연예뉴스 기자가 짓궂은 질문을 던졌다.

"줄리아! 오랜만이네요. 혹시 요즘 체중이 너무 불어난 탓에 몸매에 자신이 없어서 해변이나 수영장에는 모습을 드러내지 않는 건가요?"

잠깐 생각에 잠긴 그녀는 아주 호탕하게 대답했다.

"네, 맞아요. 살이 너무 많이 쪄서 해변에는 가기 싫어요. 우주에 간 비행사가 저를 보고 새로운 섬 하나를 발견했다고 착각할까 봐 걱정되기도 하고요."

현장에 있던 사람들은 재치 있는 그녀의 대답에 탄성을 지르며 박수를 보냈다. 이로써 자칫 난처할 수 있었던 상황은 순조롭게 무마되었다.

질문은 다소 악의적이었지만 그녀의 대답은 생동감 넘치면서 유머러스했다. 또 변한 자기 모습을 비난하고 조롱하는 사람들에게 날리는 멋진 일침이었다.

그녀의 적절한 '셀프 디스'는 기자에게 큰 망신을 주지 않으면서 현장 분위기를 생기 있게 바꾸었다. 사람들은 그녀를 호탕하고 성격 좋은 이미지로 기억하게 되었다. 그녀는 긍정적이면서도 자신 있고 용기 있는 모습으로 자신을 드러냈고 당황하지 않고 품위 있게 기자의 질문에 대답했다.

인생은 길고 긴 마라톤 경주와 같다. 그 긴 경주에서 잠깐 한눈을 팔아 발을 헛디디면 누구라도 넘어질 수 있다. 이럴 때는 적절한 '셀프 디스'로 웃으며 어려움을 극복하는 기지를 발휘해보자. 자신을 깎아내리고 조금은 우스꽝스럽게 만드는 것 같지만, '셀프 디스'는 진정한 자신감과 넓은 마음, 지혜를 가진 사람만이 구사할 수 있다.

적절한 '셀프 디스'로 난처한 상황을 잘 넘어가면 그 상황에서 주도권을 잡을 수 있으며, 함께하는 사람들을 편안하고 자유롭게 만들어주기 때문에 당신에 대한 호감도가 올라간다. 사람들은 환하게 웃는 당신, 지혜롭고 매력적인 당신을 머릿속에 확실하게 저장하게 될 것이다.

뒷담화에는
함께하지 않는 게 좋다

뒤에서 남을 험담하면서 그런 자기 행동에 전혀 부끄러움이나 수치심을 느끼지 않는 사람들이 있다. 그들에게 일침을 날리는 건 쉽지 않지만 옳은 일임은 분명하다. 당사자 앞에서 당당하게 말하지 못하고 뒤에서 험담하는 건 바람직하지 않은 처사이기 때문이다.

사람들과 모여서 얘기를 나누는데 그중 한두 명이 자리에 없는 다른 사람을 험담하기 시작했다면, 게다가 그 수위가 높은 편이라면 당신은 어떻게 대처하겠는가?

모 기업 사내 회계사인 M은 꼼꼼한 성격 덕분에 그동안 업무에서 큰 실수를 저지른 적이 없어 유능한 사원이라는 평가를 받았다. 하지만 그에게는 치명적인 단점이 하나 있었으니, 바로 남의 뒷담화를 즐긴다는 점이었다.

M과 같은 부서에는 아주 똑똑한 여직원이 한 명 있었는데, 하루는 M이 몇몇 동료들과 대화를 나누던 중에 그녀에 관한 이야기가 나왔다. M은 그녀의 나이가 결혼하기에는 너무 많다는 둥 너무 드세게 생겼다는 둥 나이와 외모에 대해 떠들어댔다. 그녀와 사적으로 친하게 지내는 Y는 그 상황이 매우 난감했다.

"나이와 외모는 자기 노력으로 바꿀 수 있는 것도 아닌데, 그걸로 뭐라고 하는 건 좀 아니지 않아?" 라고 말해도 M은 아랑곳하지 않았고, Y는 조용히 자리를 떴다.

날마다 출근하는 사무실에서 동료들이 모여 나누는 이야기 가운데 대부분은 주변 동료에 관한 것이고, 대부분은 험담이다. 그런데 만일 사람들이 당신이 아는, 그것도 매우 친한 사람에 관해 험담한다면 마음이 불편해질 수밖에 없다.

누구든지 남들의 화젯거리가 될 수 있고, 때로는 그들의 '도마'에 올라 난도질을 당할 수도 있다. 그건 당신도 예외가 아니다. 누군가 뒤에서 당신에 관한 얘기를 하는 걸 듣게 되었을 때는 그 자리에서 따져 묻고 싶은 것이 인지상정이다.

뒤에서 남을 험담하면서 그런 자기 행동에 전혀 부끄러움이나 수치심을 느끼지 않는 사람들이 있다. 그들에게 일침을 날리는 건 쉽지 않지만 옳은 일임은 분명하다. 당사자 앞에서 당당하게 말하지 못하고 뒤에서 험담하는 건 바람직하지 않은 처사이기 때문이다. 이런 상황에서는 오히려 침묵이 동조의 의미로 변질될 수 있다.

그렇다면 어떻게 해야 할까? 가장 간단한 방법은 그 자리를 떠나는 것이다. 물론 원한다면 몇 마디 하는 것도 나쁘지 않다.

"정말로 그렇게 생각하는 거야?"

"본인한테 직접 물어보는 게 어때? 오해일지도 모르잖아."

"그런 말을 듣자니 마음이 편하지는 않네. 그건 좀 확대해석 같아."

"그 사람이 정말 그렇게 형편없는 사람일까?"

"그런 이야기는 하지 않는 게 좋을 것 같아. 듣기 거북해."

"이상하다. 그 사람은 항상 너에 관해 좋은 얘기만 하던데."

"나는 잘 모르겠네. 직접 겪은 게 아니면 나는 잘 믿지 않는 편이라서."

이 정도면 뒷담화에 가담하지 않으면서 남을 험담하는 사람들에게 당신의 뜻이 충분히 전달될 것이다.

제7장

대화할 때 정도를 지키며 말하는 법

세상 모든 일에는 정도가 있다. 아무리 좋은 말도 지나치면 거북하고, 아무리 재미있는 농담도 지나치면 화를 부른다. 선을 지키면서 말하는 사람이야말로 교양인이다.

농담은 정도껏 하고 사과는 진중하게 하라

농담은 서로가 즐거운 분위기를 누리기 위해 하는 것이다. 그런데 그 정도가 지나치면 오히려 상처로 남는다.

냉랭하고 어색해진 분위기를 풀어줄 수 있는 것 중에 농담만큼 좋은 건 없다. 이럴 때의 농담은 딱딱한 분위기를 편안하게 풀어주는 역할을 한다. 하지만 어떤 사람들은 지나칠 정도로 남을 조롱하고 상대의 아픈 곳을 건드린다. 날카로운 비난이 섞인 조소와 유쾌한 유머는 완전히 다른 개념이다. 이 둘을 헷갈리지 않도록 주의해야 한다.

몸집이 큰 사람에게 '돼지' 같다고 웃으며 말하거나, 집을 새롭게 꾸민 사람에게 '촌스럽다'라고 우스갯소리로 말한다면 아무리 농담이더라도 듣는 사람에겐 상처로 남는다. 심지어 심한 모욕감을 느끼기도 한다.

선재, 희영, 윤서는 룸메이트였다. 희영이는 피부가 까만 선재를 '깜재'라고 부르고는 했다. 선재는 대놓고 티를 내거나 말을 하지는 않았지만, 그 별명이 무척 불쾌했다. 윤서는 선재의 기분을 알아채고 그 별명을 입에 올리지 않았다. 하지만 희영이는 선재의 기분을 모르는지, 아니면 모르는 척하는지 선재를 계속 '깜재'라고 불렀다.

그래도 선재는 성격이 좋은 편이라 룸메이트들과 사이가 좋았고 희영이와도 좋은 관계를 유지했다. 윤서가 보다 못해 선재가 불쾌해하는 것 같다고 희영이에게 말해주었지만, 희영이는 자기는 그렇게 생각하지 않는다고 맞받아쳤다. 결국 한 학기가 가기도 전에 선재는 방을 바꿔 달라고 기숙사에 요청했다.

선재가 너무 '유리 심장'이라고 말하는 사람이 있을 수 있다. 친구들끼리 그냥 피부가 까맣다고 우스갯소리로 얘기하는 게 뭐 그리 큰일이냐고, 그걸 가지고 친구와 다투는 건 좀 지나치다고 할 수 있다. 그렇지만 당사자는 그렇게 느끼지 않는다. 우리는 선재 본인이 아니기 때문에 그가 느끼는 감정을 100% 온전히 느끼지 못한다. 아마도 희영이 역시 "그냥 친구들끼리 재밌자고 한 건데요 뭐."라고 말할 수 있다.

그런데 농담이 더는 우스갯소리가 아닐 때, 다시 말해 농담의 정도가 지나치면 누군가에게는 상처가 된다. 이는 아주 중요한 부분이다. 이럴 때는 당사자에게 사과해야 한다. 그런데 사과에 진심이 느껴지지 않으면 오히려 역효과를 불러일으켜 상황을 더 심각하게 만들 수 있다. 특히 다음과 같은 말은 하지 않도록 조심해야 한다.

"왜 정색하고 그래? 난 그런 뜻이 아니었어. 진짜 순수한 의도로 그런 거야."

"네가 왜 화를 내는지 도저히 모르겠지만, 그냥 마음 풀어."

"야, 이게 그렇게 화낼 일이냐? 재미로 한 거잖아."

"내가 미안하다고 했잖아. 왜 계속 화를 내는 거야?"

정말 상대에게 미안하다면 이런 식으로 말할 수 없다. 이 세상에 자기의 단점과 약점을 농담 삼아 놀리는 걸 좋아하는 사람은 아무도 없다. 당신도 한 번쯤은 누군가에게 놀림의 대상이었던 적이 있을 것이다. 그때의 기분을 떠올려보라. 즐거웠는가? 절대 아닐 것이다. 그런데 놀리는 상대는 그저 농담일 뿐이라고, 재미로 한 것이라고 말한다.

놀린 상대에게 진심으로 사과하고 싶다면 그 마음이 상대에게 전해져야 한다.

"정말 미안해. 내가 잘못 생각했어."

"내가 어떻게 하면 화가 풀리겠어?"

"그런 뜻이 아니었는데 내가 너무 어리석었어."

"정말 미안해. 내가 잠깐 정신이 나갔었나 봐."

"내가 일을 망쳤어. 용서해 줘."

"내가 경솔했어. 정말 미안해. 사과할게."

"너를 아프게 할 생각은 아니었어. 정말 미안해."

"내가 너였다면 더 심하게 화를 냈을 거야. 정말 미안해."

누군가에게는 아무런 타격이 없는 말, 행동, 일이라도 누군가에게는 자존심과 인격, 존엄을 해치는 일이 될 수 있다. 우리는 그 사건의 당사자가 아니기 때문에 감히 뭐라고 함부로 말할 수 없다. 악의 없이 던진 농담이라 할지라도 상대의 표정이 어두워지거나 마음이 상한 모습을 보인다면 그 즉시 사과해야 한다.

사과는 접착제 같아서 깨어진 마음을 다시 붙이는 데 매우 효과가 크다. 다만 그 사과에는 진심이 담겨야 하고, 사과한 뒤에는 상대가 먼저 거론하기 전까지 다시는 그 일을 거론하지 말아야 한다. 또한 지나친 사과도 금물이다. 너무 과하게 말하면 오히려 사과의 무게가 가볍게 느껴진다.

예컨대 "미안해. 정말 미안해. 내가 미안해. 사과할게. 잘못했어. 미안해.", "세상에! 나는 왜 이렇게 바보 같을까. 나는 진짜 쓸모없는 쓰레기야. 나 같은 건 세상에서 없어져야 해."라는 말들은 차라리 안 하느니만 못하다. 농담은 분위기를 띄우고 상대의 감정을 편안하게 하기 위해 하는 것이다. 농담도 한 번쯤은 생각해보고 하도록 하자. 적절하지 못한 농담은 얻는 것보다 잃는 게 훨씬 많다는 걸 기억하라.

칭찬하려면
정도를 지킬 줄 알아야 한다

뭐든 과한 것은 좋지 않다. 칭찬하려면 정도를 지킬 줄 알아야 한다. 지나치게 화려한 수식어는 상대를 불편하게 만들어 반감을 느끼게 한다.

칭찬을 싫어하는 사람은 없다. 이는 인간의 본성이다. 하지만 칭찬을 할 때는 장소와 대상, 표현 방식 등을 잘 고려해야 한다. 그래야만 상대의 마음을 사로잡고 칭찬의 효과를 볼 수 있다. 그렇지 않고 무조건 칭찬만 많이 하면 오히려 역효과가 난다.

풍선을 생각하면 이해하기 쉽다. 풍선이 작으면 뭔가 아쉽고, 그렇다고 너무 크게 불면 금세 터져버린다. 과도한 칭찬은 속 빈 강정처럼 느껴져 당신이 뭔가 목적을 가지고 다가온다는 느낌을 준다. '나한테 돈을 빌리려고 그러나?', '뭐 부탁하려고 그러나?'

라는 생각이 드는 것이다.

그러므로 칭찬을 하려면 정도를 지킬 줄 알아야 한다. 지나치게 화려한 수식어는 상대를 불편하게 하고 진정성이 떨어지게 만든다. "정말 아름다우시네요. 제가 만난 사람 중에 당신이 제일 예뻐요. 세상 최고 미인이세요!", "팀장님 없으면 회사가 안 돌아갈 거예요. 팀장님이 사장이면 참 좋을 텐데."라는 말은 칭찬이라기보다 아부에 가깝다. 아부는 때때로 듣는 사람을 불편하게 한다. 특히 그 사람이 성실하고 진실한 사람일수록 거부감을 느낀다. 진실한 칭찬은 다른 사람의 능력과 장점에 대한 진심 어린 감탄과 인정에서 비롯되지만 지나친 칭찬 즉 아부는 그저 자신의 목적을 달성하기 위한 것이기 때문이다.

상대에게 내 진심을 알리면서도 상대의 좋은 점을 칭찬하려면 구체적일수록 좋다. 그 사람만의 구체적인 점을 찾아 칭찬하는 것이 가장 효과적이다. 어떤 모임에서 노래를 잘하는 사람을 봤다고 하자. 그 사람에게 "가수보다 낫네요. 지구에서 노래를 제일 잘하시는 것 같아요!"라고 말하면 진심도 느껴지지 않거니와 듣는 이도 민망하다. 하지만 "노래를 정말 잘하시네요. 목소리가 부드러워서 듣기에 참 편안해요. 오늘 분위기에도 잘 어울리고요."라고 말하면 듣는 사람도 뿌듯함을 느낀다. 상대의 장점과 능력을 적절하게 높여주는 것이야말로 진정한 칭찬임을 기억하자.

상대가 '셀프 디스'할 때는
가만히 있어라

말하기는 일종의 예술이며 듣기는 일종의 학문이다. 정말 잘 들을 줄 아는 사람은 누군가가 자신을 '셀프 디스'할 때 맞장구를 치거나 말을 얹지 않는다.

인간관계는 추운 겨울에 타닥타닥 타들어 가는 모닥불 옆에 앉아 따뜻한 불을 쬐며 몸을 녹이는 것 같다가도 자칫 잘못하면 날아드는 불씨에 손을 데는 것 같은 느낌을 주기도 한다. 관계를 통해 힘을 얻기도 하지만, 때로는 잘못된 말 한마디로 관계에 어려움이 생기고 상처를 입는다는 뜻이다. 하지만 더 큰 문제는 남에게 상처를 주고도 그 사실을 전혀 인지하지 못하는 사람들이 있다는 것이다.

'셀프 디스'는 그야말로 감성지수가 높은 사람이 사용하는 고도의 유머 기술이다. 적절한 '셀프 디스'는 사람들에게 활달하고 명랑한 이미지를 심어주면서도 분위기를 띄우는 역할을 하기 때문에 보다 쉽게 관계를 좁힐 수 있다. 그런데 누군가 '셀프 디스'를 하고 있을 때 눈치 없이 거기에 맞장구를 치거나 첨언을 하면 오히려 분위기가 험악해질 수 있다.

친구들 중에 유일하게 싱글인 소연은 친구들 모임에서 얼마 전에 있었던 소개팅 이야기를 꺼냈다. 부모님이 결혼하라고 들들 볶아대는 탓에 어쩔 수 없이 부모님이 주선한 소개팅 자리에 나갔지만, 상대가 너무 재미없는 사람이었고 그래서 그 시간이 너무 지루했다는 얘기였다.

그때 도희가 도착했다. 차가 많이 밀려서 늦게 도착한 그녀는 눈치껏 친구들이 하는 얘기를 들으며 조용히 앉아 테이블에 놓인 물을 마셨다. 15분 정도가 지났을까. 소연이 한숨 섞인 말투로 한탄하며 말했다.

"인정해. 내가 나이를 많이 먹긴 먹었지. 그러니까 혹시 영영 짝을 못 만날까 봐 부모님들이 걱정이신 거지. 결혼은 안 해도 되지만 연애는 하고 싶은데, 내 성격을 누가 감당하겠어?"

소연이 한탄하며 말하자 유부녀인 도희가 말을 보탰다.

"맞아. 확실히 적은 나이는 아니지. 좀 있으면 이마 주름도 더 선명해질걸? 너도 이제 눈 좀 낮춰. 성격도 좀 죽이고. 소개팅도 해볼 만큼 해봤으니 적당한 사람한테 안착해. 조금만 더 있으면 노산이라 임신하는 것도 힘들어진다? 성격도 좀 죽이고. 네 성격 좀 불같은 거 알지? 그 성격 안 고치면 평생 혼자일 거야."

그러면서 도희는 재미있다는 듯 소리 내어 웃었다. 친구들은 놀란 눈으로 서로를 쳐다보았다. 분위기는 순식간에 냉랭해졌다. 도희 말에 같이 웃어주는 사람은 없었다. 여태껏 아무 말 없이 조용히 얘기를 듣고 있던 미란이 말했다.

"야, 넌 눈치 좀 챙겨. 맞장구칠 말이 따로 있지."

누가 봐도 이건 실패한 대화다. 소연이 자기를 깎아내리며 말한 이유는 무거운 분위기를 어떻게든 전환하기 위함이었다. 그때 마침 도희가 끼어들어 말을 보탰다. 그녀는 소연의 아픔을 농담 삼아 얘기했고 분위기는 싸해졌다.

많은 사람이 재미있고 유쾌한 사람이 되고 싶어 한다. 그런데 그런 사람이 되려면 '선'을 지킬 줄 알아야 한다. 언제 끼어들고 언제 빠져야 할지 정확히 알아야 한다. 대화를 나눌 때도 상대가 허용하는 마지노선이 있다. 그 선을 넘어가지 않으면 유쾌한 대화를 나눌 수 있지만, 넘어가는 순간 관계는 틀어진다.

사람과 사람과의 관계는 정말 미묘하다. 누군가는 어떤 말 한

마디 때문에 인연을 끊기도 하고 또 누군가는 어떤 말 한마디로 평생지기가 되기도 한다. 그래서 말을 할 때는 항상 정도를 지킬 줄 알아야 한다. 특히 '내가 하는 말이 언제나 정답'이라는 생각은 대단히 큰 착각이다. 말하기는 일종의 예술이며 듣기는 일종의 학문이다. 누군가 자신을 '셀프 디스'할 때 잘 들을 줄 아는 사람은 그 어떤 첨언도 하지 않는다.

자주 사용하는 말버릇을 최대한 자제하라

말버릇은 대개 해가 된다. 당신도 모르는 사이 당신의 '소통 이미지'를 망치는 나쁜 말버릇은 없애는 것이 좋다.

말을 하다 보면 자기도 모르게 툭 튀어나오는 말버릇이 있다. 그런데 말버릇은 대개 해가 된다. 맥락에 맞지 않게, 또는 반복적으로 툭툭 튀어나오는 말버릇은 특히 당신의 '소통 이미지'에 나쁜 영향을 미친다. 주변 사람들에게 당신이 자주 사용하는 말이나 말버릇이 무엇인지 물어보도록 하라. 만일 특유의 부정적인 말투나 단어, 표현, 습관이 있다면 즉시 고치도록 하자.

예컨대 '간단하게 말하자면'이라는 말을 습관적으로 쓰는 사람들은 '간단함'에 대한 개념이 없는 경우가 다반사다. 그 말은 그저 본인이 길게 말을 이어가는 것에 대한 일종의 미안함을 뜻할 뿐이다. 이와 비슷한 말버릇이 있다면 당신은 말을 장황하게 하는 사람이라는 사실을 인지하고 간단명료하게 말하는 연습을 하라. 그렇지 않으면 사람들이 당신과 대화하는 것을 몹시 피곤하게 느낄 수 있다.

다음의 예시 가운데 당신이 자주 사용하는 말버릇이 있다면 최대한 자제하도록 하라. 대화 도중에 서너 번 이상 이런 말을 사용하는 건 아무런 의미가 없을 뿐만 아니라 듣는 사람도 힘들다.

"무슨 말인지 알지?"

"내 말 뭔지 알겠지?"

"무슨 뜻인지 이해했어?"

"자, 들어봐."

"이해했어?"

"어떻게 생각해?"

"솔직히 말하면…."

별 뜻 없이 사용하는 말버릇이라도 이런 말버릇은 매우 자기중심적이라는 인상을 주고 듣는 이를 불편할 수 있다. "저…, 저….", "그 뭐냐.", "아니 근데…." 같은 말도 너무 많이 하면 산만

하고 어지러운 인상을 주니 자제하라. "예쁘다.", "귀엽다.", "대단해.", "너무 좋다.", "너무 끔찍해!", "대박!" 같은 말도 자주 반복하면 신뢰를 크게 떨어뜨린다.

자신의 결점이나 부족함을 메우기 위한 동기에서 출발해 무의식중에 형성된 말버릇도 있지만, 어휘가 부족해서 했던 말을 자꾸만 반복하거나 의미 없는 단어를 계속 되풀이하다가 그것이 말버릇이 되는 경우도 있다. 이유가 뭐든 특유의 말버릇이 있다면 마음을 편하게 먹고 조용히 앉아 책을 읽어보라. 내면도 채워지고 어휘도 늘어난다. 충분히 내공을 쌓고 말하기 연습을 하면 아무 의미 없이 사용하던 말버릇은 자연스럽게 줄어들거나 없어지고, 사람들에게 말을 잘하는 사람이라는 칭찬을 듣게 될 것이다.

가십거리에 관한 대화는 주의해서 하라

사람들은 남의 사생활에 대한 소문, 험담 즉 가십에 관심이 많다. 가십은 가벼운 이야기다 보니 별생각 없이 이야기하기 좋지만, 재미 삼아 더 과장하고 왜곡하면서 이리저리 떠들고 다니다가는 나도 모르는 사이 본인이 루머의 진원지가 될 수도 있다.

온갖 가십거리에 참견하고 사실이 확인되지 않은 정보를 무분별하게 퍼뜨리는 사람들이 있다. 루머나 가십거리에 관해 얘기하고 싶어 하는 건 인간의 타고난 본능이다. 하지만 남의 이야기에 지나치게 열중하는 사람들은 오로지 그 소문을 알아내고 퍼뜨리는 데 열을 올린다. 물론 지루한 시간을 보내기 위해 재미 삼아 모여서 이런 주제들로 이야기를 나눌 수는 있다. 하지만 그 정도가 지나치면 생각지 못한 결과를 불러올 수도 있다.

교양 있고 남을 배려하는 사람은 근거 없는 루머를 함부로 퍼뜨리지 않는다. “소문은 지혜로운 사람이 멈춘다.”라는 중국 속담처럼 현명한 사람은 근거 없는 거짓 소문을 퍼뜨리지 않는다. 가십은 심각한 루머는 아니지만 소문을 만들기에 충분한 재료가 된다. 하나의 사건을 처음부터 끝까지 완벽하게 알 수는 없다. 하물며 내 눈으로 직접 목격한 것이 아니라 다른 사람의 입을 통해 나온 정보라면 더더욱 그렇다. 그러니 누군가에게 전해 들은 소문은 최대한 퍼뜨리지 않는 것이 좋다. 특히나 다른 사람의 사생활과 관련된 이야기라면 더더욱 조심해야 한다.

어쩌면 누군가는 가십을 많이 알고 있는 사람일수록 인맥이 넓고 정보력이 좋은 거라고 말할 수 있다. 물론 누군가에게 경사가 있으면 그런 일은 남들에게 널리 알리는 것도 나쁘진 않다. 예를 들어 누군가 오랫동안 기다리던 임신을 했다든가, 건강이 안 좋았던 누군가가 건강을 많이 회복한 일, 혹은 누군가 엄청난 경쟁률을 뚫고 아파트 청약에 당첨된 일 등이다. 이런 정보들은 가십이 맞지만 듣기에 거북하지 않고 또 사람들에게 알려진다고 해도 당사자가 얼굴을 붉힐 만한 일은 아니다.

‘건강한 가십’은 듣기도 좋고, 말하는 사람도 기분이 좋다. 예를 들면 다음과 같은 것들이다.

"안젤리아 이번에 결혼한대. 상대가 정말 좋은 사람이래."

"이번에 팀장님이 프로젝트 따냈대. 전 직원 인센티브랑 함께!"

"이번에 선배 아들이 피아노 콩쿠르에서 대상을 받았대. 이제 겨우 초등학교 2학년인데!"

그렇지만 다음과 같은 말들은 주의하는 게 좋다.

"대표님 사모님이 애들이랑 따로 나가서 산다며?"

"왜 요즘 샘이 안 보이는지 알아? 쫄딱 망했대!"

"그 일에 관해서는 내가 좀 아는 게 있는데, 너한테만 특별히 말해줄게."

"요즘 회계팀 난리 났잖아. 회삿돈을 자기들끼리만 서로 몰래 챙겨줬다던가?"

"이 얘기 들으면 깜짝 놀랄 거야. 팀장이 성형수술에 실패해서…."

"그 얘기 들었어? 코치가 학부모랑 돈거래하다가 교체됐다던데?"

사람들이 생각할 때 비밀에 부쳐야 할 민감한 이야기를 아무렇지도 않게 하거나 '너한테만 하는 이야기'라며 하는 사람을 좋게 보는 사람은 없다. 앞에서는 같이 웃으며 이야기해도 돌아서서는 못 믿을 사람이라고 생각한다. 이야기가 돌고 돌아 생각지도 못했던 후폭풍을 맞을 수도 있다.

말하기 전에 먼저 다른 사람의 입장에서 생각해보고 꼭 해야 할 말인지 아닌지를 스스로에게 물어보자. 아니라는 생각이 들면 입을 닫고 있는 것이 현명한 처사다.

말이 많을수록
당신의 가치는 내려간다

상대가 대화에 흥미를 잃은 것처럼 보이면 잠시 말을 멈추어라. 대화는 '함께' 하는 것이다. 말이 많은 사람은 가벼워 보인다.

말을 매끄럽게 술술 잘할 때 '청산유수'라는 표현을 쓴다. 말이 끊어지지 않고 물처럼 잘 흘러간다는 뜻이다. 청산유수처럼 말을 잘하는 것이 나쁜 것은 아니지만 여럿이 있는 자리에서 청산유수로 말을 잘한다는 말을 듣는다면 그것은 칭찬이 아닐 수도 있다. 다른 사람을 배려하지 않고 혼자만 말을 많이 한다는 뜻이기도 하기 때문이다.

말이 많은 것과 말재주가 좋은 것은 완전히 별개다. 말이 많은 사람은 말재주가 없는 사람일 때가 많다. 이유가 뭐든 말이 많으면 상대가 힘들다. 한 번에 너무 많이 먹으면 체하는 것처럼 말도 너무 많이 하면 듣는 사람이 다 소화할 수가 없다.

개중에는 자기 혼자 너무 오래 말하고 있다는 사실을 인식하는 사람도 있긴 하지만, 대부분은 인식조차 하지 못한다. 자식을 걱정하는 마음에 계속 같은 말을 반복해서 하는 부모들이 그런 경우라고 할 수 있다. 하지만 자식들 귀에는 그게 다 잔소리로 들린다. 그래서 자식들은 부모의 말을 한 귀로 듣고 한 귀로 흘려보낸다. 그러다가 결국 안 좋은 상황이 발생하면 불벼락을 맞는다. "거봐. 엄마가 뭐랬어? 대체 몇 번을 말했니? 엄마 말 안 듣다가 이게 뭐야!" 풀이 죽은 아이는 또 한 번 혼이 난다. 그렇게 부모와 자녀 사이는 점점 멀어진다.

이런 부모들에게 꼭 해주고 싶은 얘기가 있다. 말이 많으면 당신이 목표하는 바를 이루기가 어렵다. 같은 말을 열 번, 스무 번 반복하는 것보다 단호하게 한 번, 아니면 두어 번 하거나 글로 적어서 아이 눈에 잘 보이는 곳에 붙여놓는 것이 훨씬 효과적이다. 그래야 아이에게 더 또렷하게 기억에 남는다.

한번 말을 시작하면 끝낼 줄 모르는 리더의 경우, 경중을 구분하는 연습을 해야 한다. 팀원 모두가 각별히 신경 써야 하는 일이 있다면 한두 번 힘주어 말하고 메일이나 메시지의 형식으로 간단명료하게 내용을 전달한 뒤 수신한 사람들에게는 회신을 받도록 하자. 이렇게 하면 효율적이기도 하지만 나중에 어떤 문제가 생겼을 때 증거가 되기도 한다. 그래도 여전히 불안하다면 주요 업무를 하는 팀원 한두 명만 불러서 최대한 간결하게 말하도록 하자.

본심은 그러려고 했던 게 아닌데 어쩌다 보니 혼자서만 계속 말하게 되는 때도 있다. 요약하는 능력이 부족하면 그럴 수 있다. 만일 당신에게 그런 경향이 있다면 잠깐 하던 말을 멈추고 상대에게 이렇게 물어보도록 하자.

"내가 지금 너무 길게 말하고 있어?"

"이 말은 그거랑 상관이 없는 건가?"

"내가 중요한 내용은 다 말한 것 같아?"

시계를 이용하는 것도 좋다. 시간을 확인하면서 혹시 내가 3분 이상 말하진 않았는지 확인하고, 만일 그랬다면 상대에게 발언권을 넘겨주자. 더 하고 싶은 말이 있어도, 아무리 재밌고 웃긴 얘기가 있어도 일단 멈춰야 한다. 말이 많을수록 당신의 가치는 오히려 내려간다는 사실을 기억하라.

상대의 프라이버시를 함부로 침범하지 마라

살다 보면 내 비밀을 남에게 털어놓을 때도 있고 남의 비밀을 듣게 될 때도 있다. 누군가의 비밀을 지켜준다는 건 매우 중요한 일이다.

모든 사람의 마음속에는 '비밀의 방'이 존재한다. 거기에는 남들에게 알리고 싶지 않은 나만의 비밀이 숨겨져 있다. 그런데 우연히 누군가의 '비밀의 방'에 숨겨진 것들을 알게 되면 다른 사람들에게 털어놓고 싶은 욕구가 생긴다. 그래서 가끔은 참지 못하고 그 비밀을 누설해 버리기도 한다.

잭은 얼마 전에 친한 직장 동료에게 비밀을 털어놓았다. 그러면서 절대로 그 일을 다른 사람에게 알려서는 안 된다고 신신당

부했다. 동료는 걱정하지 말라며, 그런 일은 없을 거라며 그를 안심시켰다.

하지만 얼마 지나지 않아 직장 내 거의 모든 사람이 그 일을 알게 되었다. 사람들은 예전과는 다른 시선으로 잭을 바라보기 시작했고 결국 그는 회사에 다니는 게 힘들어졌다.

잭은 유능한 인재였지만 결국 사직서를 제출하고 다른 길을 찾아 떠났다. 그는 그날 비밀을 동료에게 털어놓은 걸 후회하고 또 후회했다.

그런데 그 동료가 이런 일을 저지른 건 이번이 처음이 아니었다. 말하기를 좋아하고 남들에게 주목받는 걸 즐기는 그는 사람들과 대화를 나누다가 자기도 모르게 다른 사람들의 비밀을 누설하고는 했다.

"사실 제인 본인이 그만둔 게 아니라 잘린 거예요. 그런데 다른 사람한테는 절대로 말하지 말아 달라고 부탁하더라고요."

살다 보면 내 비밀을 다른 사람에게 털어놓을 때도 있고 남의 비밀을 알게 될 때도 있다. 누군가 당신에게 비밀을 털어놓는다는 건 그만큼 당신을 신뢰한다는 뜻이며, 당신의 인성과 성품을 인정한다는 의미다. 그러므로 비밀을 지켜주는 것은 약속이자 일종의 미덕이다. 그런데 만약 어떤 이유로든 당신이 비밀을 누설

했다면 잘못을 인정하고 상대에게 진심 어린 사과를 해야 한다. 그리고 다시는 같은 실수를 반복하지 않아야 한다. 그렇게 해도 상대에게서 다시 관계 회복의 기회를 얻을까 말까다. 하지만 그렇게 하지 않으면 당신은 평생 그와의 관계를 회복할 수 없을 것이다. 신뢰가 깨졌기 때문이다.

당사자에게 사과를 했다면, 이제는 당신 때문에 그 비밀을 알게 된 사람들을 찾아가 더는 그 비밀을 퍼뜨리지 말 것을 부탁해야 한다. 그리고 당신이 비밀을 발설한 것을 당사자가 알게 되었다는 사실도 알려주어라.

악의적인 농담에 함께 웃어주는 사람은 없다

유머는 간지러운 곳을 긁어주는 것과 같다. 적당히 긁으면 시원하지만, 너무 세게 긁으면 피가 나고 아프다.

말을 재미있게 잘하는 사람들은 언제나 부러움의 대상이 된다. 그들은 우울해하는 가족이나 친구를 보면 유머를 던져 마음을 풀어준다.

유머와 농담은 미소를 짓게 만드는 최고의 '웃음 촉진제' 역할을 한다. 이건 특별히 어려운 일이 아니다. 중요한 건 유머도 정도를 지켜야 한다는 점이다.

M 대리는 동료들과 함께 거래처 직원에게 식사를 대접했다.

식사가 끝나자 거래처 직원은 감사의 의미로 차를 대접하겠다며 근처 카페로 그들을 안내했다. 사람들은 팀을 나누어 차를 타고 이동했고, M 대리는 거래처 직원의 차를 타게 되었다. 그런데 조수석에 앉으려 했더니 좌석이 너무 앞으로 당겨져 있어서 들어갈 수가 없었다. 좌석 위치 조정 버튼을 찾았지만 보이지 않았다. 할 수 없이 M 대리는 말을 꺼냈다.

"죄송한데, 제가 좌석 조정 버튼을 못 찾겠네요. 어디 있을까요?"

그러자 거래처 직원은 크게 웃으며 반문했다.

"하하하! M 대리님, 외모는 젊은데 옛날 사람이셨군요! 요즘 차는 안 타 보셨나 봐요. 차 문은 어떻게 여셨대요?"

아마 이 사람은 본인이 매우 유머러스하다고 생각할지 모른다. 하지만 그는 M 대리의 자존심을 전혀 고려하지 않았다. 농담할 때 자기를 낮춰서 말하는 건 상관없지만, 남을 조롱하거나 비웃어서는 안 된다. 본인의 외모나 몸매 등을 희화화하는 건 괜찮아도 남한테 그렇게 하면 정말 큰일 난다.

처음 만난 사람에게 이런 식으로 농담을 건네는 건 매우 무례한 행동이다. 본인에게는 익숙하지만 남에게는 생소할 수 있다. 이럴 때는 상대를 비웃거나 조롱하지 않으면서 묵묵히 도와주는 사람이 진짜 교양 있는 사람이다.

대화를 나눌 때 최고의 상태는 말하는 사람도, 듣는 사람도 편안한 상태다. 계속 상대를 비하하고 단점을 들춰내 놀려대는 사람은 머리 회전은 빠를 수 있어도 인간관계는 썩 좋지 않다. 잘 알지 못하는 사람, 특히 처음 만난 사람에게 정도가 지나친 농담을 건네면 매너 없는 사람이라는 인상만 남길 뿐이다. 과도한 유머와 농담은 누군가의 마음에 깊은 상처를 남길 수 있다는 걸 꼭 기억하자.

유머 감각이 있으면 인기가 많긴 하지만, 유머를 구사할 때는 다음과 같은 일련의 패턴을 파악해 '지뢰 구역'을 밟지 않도록 조심해야 한다.

(1) 다른 사람의 생리적인 결함을 농담 소재로 삼으면 절대 안 된다. 타인의 아픔에서 재미를 찾는 것은 정말로 무례한 행동이다.

(2) 자극적인 유머는 상대를 난감하게 하고 자칫 사이를 틀어지게 한다.

(3) 악의적인 농담이나 유머를 모든 사람이 좋아하는 건 아니

다. 근거 없는 소문이나 남을 괴롭히는 악의적인 농담은 지극히 무책임하고 경박하다.

(4) 모든 사람은 자기만의 개성이 있다. 농담을 하기 전에 상대의 성격적 요인을 먼저 생각해보자.

(5) 부적절한 농담은 상대를 무시하고 깔보는 느낌을 준다.

사람들은 대화를 나누다가 분위기를 띄우려고 유머를 사용한다. 하지만 때로는 그 농담이 너무 지나쳐 관계를 엉망으로 만들기도 한다. 농담을 별로 좋아하지 않는 사람은 농담을 즐기는 사람들을 가볍게 볼 수 있다. 그래서 시간이 갈수록 최대한 그런 사람들과 마주치지 않으려고 한다. 농담이 제대로 되면 유머로 통하지만, 그렇지 않으면 그냥 입을 다물고 있는 편이 훨씬 낫다.

제8장

직장에서 호감 가는 사람이 되게 말하는 법

직장에서 말하기는 정말 중요하다. 아무리 능력 있는 사람이라도 그 능력을 말로 잘 표현할 줄 모르면 인정받기 힘들다. 하고 싶은 말을 정확하게 전달하면서도 서로 간의 선을 지켜 성공하는 직장생활을 누려보자.

말을 잘하는 사람이 훨씬 매력적이다

열심히 노력하는 것도 중요하지만 직업적으로 조금 더 전문적이고 유능하며 말까지 잘하면 핵심 중의 핵심 인재가 될 수 있다.

"일을 잘하는 것보다 말을 잘하는 게 낫다."라는 말이 있다. 직장에서 숙련된 기능과 성실함만으로 일하다 보면 '순진하다'라는 평가를 받는다. 근면하고 성실한 것도 중요하지만 거기에 말재주가 더해지면 한결 편한 사회생활을 할 수 있다.

하지만 안타깝게도 일은 정말 잘하는데 말을 못 하는 사람들이 있다. 더 비참한 건 이런 사람들은 보통 상사나 동료의 인정과 도움을 받지 못하며 부하 직원들에게도 신뢰와 지지를 얻지 못한다는 점이다. 직장에서 말을 잘하지 못하면 일하는 것도 힘들 뿐 아니라 사람들에게 인정받지 못한다.

회사 재무팀 소속으로 일하는 K는 중요한 사내 회의에서 회사 대표에게 모 기관과의 재무 솔루션 파트너십을 중단할 것을 요청했다. 객관적으로 보면 그의 제안은 매우 합리적이었고 나름의 해결 방안도 있었다. 다만 그는 주어진 짧은 시간 안에 본인의 생각을 분명하고 깔끔하게 전달하지 못했고 결국 대표는 참다못해 그의 말을 중간에 끊어버렸다. 그 보고서를 작성하느라 오랜 시간을 할애했지만, 그는 기회를 날려버리고 말았다.

또 한번은 다른 부서 동료에게 업무 협조를 부탁해야 할 일이 있었다. 그는 동료를 직접 찾아가거나 전화를 걸지 않고 달랑 문자 하나만 보냈다.

"이 분야에 조예가 깊다고 들었습니다. 이 프로젝트와 관련해서 제가 모르는 게 많아서 조언을 듣고 싶은데 시간 되실 때 한 번 뵐 수 있을까요?"

어려움에 처한 누군가가 진심으로 도움을 청해오면 도와주고 싶은 마음이 생기게 마련이다. 하지만 그에게 돌아온 것은 완벽한 거절의 의사가 담긴 메시지였다.

"제가 시간이 없어서요. 다른 분을 찾아보시는 게 좋을 것 같아요."

회사의 규모가 크든 작든, 상사가 매일 부하 직원의 일거수일투족을 주시할 수는 없는 노릇이다. 그렇다고 친한 친구처럼 그의 성격이나 업무 스타일을 세세히 이해하는 것도 아니다. 그래서 묵묵히 일만 하는 사람은 상사의 이해와 인정을 받기보다 오히려 오해받을 때가 많다. 그런데 말주변까지 없다면 동료들과 협업을 진행하는 것도 힘들다. 직장에서는 열심히 일하는 것도 물론 중요하지만 조금 더 전문적이고 유능하며 말을 잘하는 사람이 되어야 한다.

그럼 어떻게 하면 당신의 노력과 열정을 상사 및 동료들에게 알려줄 수 있을까?

1. 상사에게 당신의 업무 상황을 바로바로 보고하라

프로젝트나 보고서 등 주어진 업무를 하나 완성하면 그 즉시 상사에게 보고한 다음 이후 일을 진행하도록 하라. 구두로 보고하는 게 힘들거나 상사와 대면할 시간이 없다면 내용을 잘 정리해서 사내 메일이나 메신저로 전송하거나 회사 단체 채팅방에서 상사를 태그해 확실히 확인하게 하라.

2. 책임져야 할 일만 확실하게 책임지라

다른 사람이 저지른 실수를 대신 책임질 필요는 없다. 반대로 당신이 저지른 잘못이라면 누군가에게 전가하지 말고 마땅한 책임을 지도록 하라.

3. 칭찬할 일은 칭찬하고 축하할 일은 축하하라

동료가 업무를 잘 처리해서 상사에게 칭찬과 인정을 받을 때, 내심 씁쓸하기도 하고 질투가 나더라도 진심으로 함께 칭찬하고 축하해주라. 경쟁이 치열한 직장에서 동료의 성과를 칭찬하고 축하해주는 사람은 인품과 인성이 훌륭하다는 인상을 준다.

4. 당신을 비난하는 사람에게 감사하라

누군가 당신을 비판해도 불편한 마음을 얼굴에 드러내지 않도록 노력하자. 당신이 비판을 받아들이면 마음이 건강하고 자신감 넘치는 사람이라는 평가를 받을 수 있다. 또한 비판은 진심으로 받아들여 발전의 발판으로 만들어라.

불평불만은 어깨의 짐을 더해줄 뿐이다

불만이 가득한 얼굴로 불평을 하면 속이 시원한가? 불평불만은 당신 어깨에 있는 짐에 무게를 더할 뿐이다. 그 짐을 내려놓아 보라. 당신이 얼마나 많은 것을 놓치고 살고 있었는지 깨닫게 될 것이다.

직장생활을 하다 보면 누구나 즐겁지 않은 일을 겪게 마련이다. 그런데 그럴 때마다 불평불만을 쏟아내는 사람들이 있다.

"아니, 일을 이렇게 많이 주면 대체 나더러 살라는 거야, 죽으라는 거야?"

"진짜 얄미워 죽겠어. 어떻게 나한테 아무런 말도 없이 파일을 지울 수가 있지?"

보통 임금 인상 폭이 생각보다 적을 때, 상사나 동료들과 관계가 어그러졌을 때 이런 불만이 생기기 쉽다. 불평불만을 습관처럼 하는 사람들은 기분이 갑자기 좋아졌다가 나빠졌다가 굴곡이 심하다. 상사에게 불만이 없는 날은 사내 식당 메뉴가 마음에 안 들거나, 사내 식당 점심 메뉴가 마음에 들면 날씨가 안 좋다는 등 불평을 늘어놓을 이유는 수도 없이 많다. 결국 영원히 불만이 끊이지 않기 때문에 동료들 사이에서는 기분을 맞춰주기 힘든 사람으로 인식된다.

불만은 어떤 상황에서도 느낄 수 있다. 하지만 중요한 건 부정적인 메시지와 정서를 표현할 때 그것이 같이 일하는 사람들에게 영향을 줄 수 있다는 점이다.

K는 직설적인 사람이다. 그런데 하필이면 그의 상사는 소통하기 힘든 외국인이었다. 그래서 그는 직장에서 불평불만이 가득한 사람으로 꼽힌다. 한번은 보고서 데이터에 잘못 표기된 수치 때문에 K와 상사 사이에 논쟁이 벌어졌다.

사무실로 돌아온 그는 거친 숨을 몰아쉬며 보고서를 냅다 책상 위로 내동댕이쳤다. 그런데 평소 같으면 무슨 일 있었냐고 물었을 법한 몇몇 동료들이 이상하게 그날만큼은 아무 말도 하지 않았다.

뭔가 이상한 낌새를 느낀 그가 돌아보았더니 상사가 뒤에서 그의 모든 행동을 지켜보고 있었다. 상사는 매우 심각한 표정으로 말했다.

"내가 심했던 것 같아서 사과하려고 왔네. 이 데이터는 자네가 말한 게 맞아. 그런데 자네가 지금 하고 있는 행동을 보니 사과하고 싶은 생각이 사라져버리는군."

불평불만을 늘 입에 달고 사는 사람을 좋아할 사람은 없다. 그런 직원을 좋아하는 상사는 더더욱 없다. 불평하면 주변 사람들의 동정과 위로를 받을 수는 있어도 당신의 평판은 떨어진다. 다른 사람과 가까워지고 그 사람에 대한 신뢰는 쌓을 수 있는지 몰라도 당신에 대한 사람들의 존경과 존중은 없어지는 것이다. 더 중요한 건 그런 태도가 실질적으로 문제를 해결하지 못한다는 점이다.

사랑하는 사람과 헤어졌거나 이혼의 위기 등에 놓여있을 때 가장 나쁜 방법이 직장 동료에게 불평불만을 털어놓는 것이다. 만일 직속 상사나 동료에게 불만이 있는 경우라면 더더욱 사무실 안에서 불평하면 안 된다. "낮말은 새가 듣고, 밤말은 쥐가 듣는다."라는 속담도 있지 않은가. 그런 불평불만이 '시한폭탄'이 되어 당신이 진급을 앞두고 있거나 임금 협상 등의 중요한 기로에서 있을 때 누군가 그것을 사정없이 터뜨릴 수도 있다. 게다가 불만을 입에 달고 사는 사람은 인간적인 매력도 없고 교양도 떨어지기 때문에 향후 직장생활이나 커리어 계발에도 부정적인 영향을 줄 수 있다. 만일 본인에게 그런 습관이 있다는 걸 알고 있다면 빨리 표현 방식을 바꿔야 한다.

언어 치료 기관에서 일하는 승범 씨는 야근이 잦다. 그래서 한 번은 상사에게 몇 주 동안 내내 야근을 한 탓에 너무 힘들다며 간접적으로 '불만'을 표시했다.

"야근을 계속하다 보니 아무래도 집중력이 좀 떨어지네요. 역시 집중력에는 한계가 있나 봐요."

상사는 그런 그의 마음을 충분히 헤아려 정확히 1주일 뒤에 그에게 한 주간의 휴가를 승인해주었다.

불평불만을 털어놓는 것으로 현실을 바꾸긴 어렵다. 그렇다면 내가 가진 불만을 어떻게 통제하는 것이 좋을까? 불평을 도저히 못 참겠다면 다음의 몇 가지를 기억하자.

(1) 마음속에 불만이 가득할 때 나오는 말들은 대개 극단적이어서 다른 사람이 받아들이기 힘들다. 감정이 격해져 있을 때 가

장 조심해야 할 것이 불평불만이다.

(2) 사무실 역시 하나의 작은 사회다. 불평하면 할수록 동료들에게 오해를 사기 쉽고, 그 정서가 다른 사람에게도 영향을 주어 부정적인 결과를 낳을 수 있다.

(3) 동료 혹은 동종 업계의 친한 사람에게 불평과 고민을 털어놓는 것은 위험하다. 그 누구도 당신이 한 말을 다른 사람에게 전하지 않을 거라고 보장할 수 없다.

(4) 사사건건 불평하지 말자. 업무 효율에도 부정적일 뿐만 아니라 사람들이 당신의 업무 처리 능력을 의심하는 결과를 가져온다.

(5) 힘든 일이 생기면 최대한 긍정적인 마인드로 문제를 해결하도록 노력하자. 긍정적인 소통이야말로 문제를 해결하는 가장 좋은 방법이다.

(6) 어떤 사건에 관해 한 번 정도 불평을 쏟아내고 사람들에게 주목받았다면 더는 그 일을 언급하지 않도록 하자.

(7) 다른 사람과 대화할 때는 최대한 간접적이고 상의하는 말투를 사용해야 한다. 조소와 비난, 불평불만을 건의나 제안으로 바꿔보자.

(8) 불평하는 사람들은 언제나 자기 자신이 충분히 관심받지 못한다고 생각한다. 상사의 경우 부하 직원들에게 적절한 피드백과 제안을 해주면 대부분의 문제는 순조롭게 해결된다.

(9) 동료의 불평에 별로 동조하고 싶지 않다면 자연스럽게 화제를 다른 곳으로 전환하거나 보다 긍정적인 일에 관해 이야기하도록 하자.

전달하고 싶은 내용은 정확하게 표현하라

상대가 알아듣게 말을 해야 한다. 이것이 말하기의 기본이다.

혹시 당신도 이런 경험이 있는가? 어떤 일에 관해 한참 설명했는데 상대방이 하나도 알아듣지 못하겠다고 한 일, 분명히 A에 관해 얘기하려고 했는데 어쩌다 보니 삼천포로 빠져서 B까지 이야기하게 된 일, 말은 많이 했는데 두서가 없고 논리도 없어서 말한 나도 자신이 없고 상대도 무슨 말인지 잘 모르겠다는 표정을 짓고 있었던 일.

무슨 일을 하든 어떤 직위에 있든 특히 직장에서는 항상 자신의 의견을 말해야 할 일이 생긴다. 짧은 시간 안에 상대가 설득이 될 만큼 내 말을 잘 알아듣게 하려면 어떻게 해야 할까?

"대표님, 방금 온라인팀 김 팀장이 전화로 회사 인터넷에 문제가 생겨서 4시 전에는 회의에 참석하기 어렵다는 소식을 전해주었습니다. 회의실은 내일 예약해두긴 했는데 모레도 비어있습니다. 또 재무팀의 공 팀장 비서 말로는 공 팀장이 기차 파업 때문에 내일 저녁에야 출장에서 돌아온다고 합니다. 그래서 이번 회의 시간을 모레 오전 10시로 했으면 하는데 대표님 생각은 어떠신지요?"

어떤 생각이 드는가? 이 사람이 무슨 말을 하려고 하는지 알겠는가? 그가 전하려는 요지는 무엇인가? 그는 왜 회의 시간을 바꾸려고 하는가?

의외로 이런 식으로 말하는 사람이 적지 않다. 처음부터 끝까지 쉬지 않고 말은 하는데, 듣는 사람은 무슨 말인지 하나도 알아듣지 못한다. 말을 할 때는 분명하게 발음하는 것도 중요하지만, 상대가 알아들을 수 있게 해야 한다. 이것이 말하기의 기본이다. 그렇다면 어떻게 해야 짧은 시간 안에 상대를 설득할 수 있을 만큼 내 생각을 잘 말할 수 있을까? 앞에서 등장한 예를 다시 한번 생각해보자.

일단 위의 직원은 결론을 전달했다. 원인도 설명했다. 하지만 이 말을 듣는 대표 입장에서는 직원이 회의 시간을 바꾸고 싶다는 것만 알아들었을 뿐 왜 회의 시간을 바꾸려고 하는지에 대한 이유는 좀처럼 알아듣기가 어려웠다. 여러 내용이 뒤섞여 있었기 때문이다. 회의 시간 변경 같은 경우는 상대적으로 간단한 보고이기 때문에 핵심 내용을 먼저 짧게 말하고, 두 사람의 상황을 한데 묶어서 이유를 설명하면 정보 전달의 효율이 훨씬 높아진다. 다시 정리해보자.

"대표님, 오늘 오후 4시 예정이었던 회의를 수요일 오전 10시로 변경할 수 있을까요? 김 팀장과 장 팀장 모두 오늘 예상치 못한 상황이 생겨서 참석이 어렵게 됐습니다. 그런데 수요일 10시면 둘 다 회의에 참석할 수 있고, 그 시간에는 회의실 역시 비어있어서 일단 그 시간으로 생각해 봤습니다."

훨씬 간단명료해졌다. 만일 대표가 공 팀장과 장 팀장이 오늘 회의에 참석하지 못하는 이유를 묻는다면 거기에 관해 더 자세히 설명해주기만 하면 된다.

대화에도
경계선을 그어야 한다

때로는 "NO."라고 분명하게 말해주는 것이 다른 사람과의 업무 협조에 도움이 된다.

대다수 사람에게 "NO."라고 말하기란 쉽지 않은 일이다. 더군다나 직장에서 그렇게 말하는 건 왠지 더 어려운 것 같다.

"대학 졸업하고 입사한 지 1년 되었어요. 직장에서 사람들을 대하는 법을 조금씩 깨우치고 있지만 여전히 어려움이 많아요. 그중에 가장 어려운 건 하기 싫은 일을 거절하는 거예요. 특히 기가 센 동료들이나 저보다 연차가 높은 선배들을 거절하는 게 힘들어요."

"회사 선배들이나 몇몇 사람들이 본인들이 해야 하는 잡일을 제게 떠넘

겨요. 예를 들어 택배 부치기나 결제 올리기, 재미없는 동호회 참가하기 같은 거요. 그런 일 때문에 정작 제가 해야 할 일을 하지 못할 때가 많아요. 하지만 어떻게 거절해야 할지 잘 모르겠어요."

혹시 당신도 이런 고민으로 힘들었던 적이 없는가? 누군가를 대신해 출근 카드를 찍었거나 대신 잔업을 해주었던 일, 대신 모임에 참석하거나 대신 물건을 사다 주었던 일, 대신 보고서를 작성하거나 심지어 돈을 빌려주었던 일 등. 그렇게 마음 불편한 일들을 "NO."라고 단호하게 거절하지 못하는 이유는 무엇일까?

아마 가장 큰 이유는 항상 사람들에게 사랑받고 싶고 성격 좋은 사람이라는 평가를 받고 싶기 때문일 것이다. 보통 우리는 어떤 사람, 혹은 어떤 일을 거절해서 그들의 감정을 상하게 하거나 그것 때문에 거리가 멀어지는 걸 원하지 않는다. 또 팀 혹은 단체 속에서 나의 가치가 떨어지는 걸 싫어한다. 내가 다른 사람을 도와주지 않아서 그 사람도 나를 도와주지 않으면 어쩌나 하는 걱정도 한다. 이제 막 입사한 직장에서는 경력이 많지 않기 때문에 누군가를 거절했다가 밉보일까 봐 염려스럽기도 하다.

결국 거절하지 못하는 이유는 언제나, 누구에게나 좋은 사람이길 원하고 또 자신이 매우 유능한 존재라는 걸 증명하고 싶기 때문이다. 하지만 너무 많은 일에 "YES."라고 대답하면 늘 피곤하고 지칠 수밖에 없다. 심지어 때로는 내가 생각했던 것과 정반대의 상황이 나타나기도 한다.

그렇다면 직장에서는 어떻게 거절하는 것이 현명할까? 거절하는 방식은 여러 가지다. 거절하면서도 얼마든지 협력하기 좋은 사람이라는 인상을 남길 수 있으며 조화로운 관계를 유지할 수 있다.

모 기업의 대표가 직원 워크숍을 제안했다. 그런데 그가 제안한 장소는 예전에도 여러 번 가보았던 곳이었다.

워크숍 담당자는 장소를 같은 곳으로 정할 경우 직원들의 불만이 있을 거라고 생각했다. 그러면 재미있는 행사가 되지 못할 것 같았다.

하지만 그는 대표에게 직접적으로 말하지 못했다. 워크숍에 관한 세부 사항을 결정하는 회의에서 그는 오히려 대표의 의견에 찬성했고 심지어 그의 '지시 사항'을 열심히 메모하기까지 했다.

회의가 끝난 뒤, 그는 기회를 봐서 개인적으로 대표를 찾아가 상황을 설명했고, 그에게 다른 장소를 추천했다. 대표는 그의 제안을 기쁘게 받아들였다.

담당자는 큰 회의에서는 상사의 체면을 살려주면서 자기 직책을 충실히 이행했다.

때로는 면전에서 "NO."라고 말하는 게 당사자에게 부정적일 수 있다. 이럴 때는 먼저 그의 의견을 인정하고 긍정한 뒤 '우회 전략'을 사용해 생각을 바꿔주면 효과가 좋다. 예화에서 직원은 대표와 심리적인 거리를 좁히기 위해 일단 '찬성'이라는 방법을 사용했다. 만약 대표의 말을 듣자마자 '반대'라고 했다면 그저 분위기 파악 못하고 상사의 체면을 구기려는 사람으로 낙인이 찍혔을지도 모른다.

다음은 몇 가지 거절에 관한 효과적인 방법이다. 기억해두었다가 실생활에 적용해보자.

(1) 누군가 당신에게 어떤 도움을 부탁할 때, 그 부탁의 중요성을 먼저 헤아려 보자. 이어지는 대화를 통해 당신보다 더 적절한 도움을 줄 수 있는 사람이 있다면 그를 추천해주거나 더 좋은 해결책을 찾아 주도록 하자.

(2) 상대를 존중하는 태도로 부탁을 거절하고 대체할 수 있는 선택 방안을 제시하도록 하자.

(3) 상대의 부탁에 도움을 줄 수 없는 상황이라면 미안하다고 말하고 예의 바르지만 단호하게 거절하도록 하라. 만일 상대가

동의하면 그가 이해해준 것에 대해 감사의 인사를 전하되 지나치게 고마워할 필요는 없다. 그저 앞으로 다른 문제나 일이 생겼을 때 가능하면 도와주겠다는 의사를 표하도록 하라.

지혜롭게 남의 부탁을 거절하면 정확한 경계가 생기면서도 동료와의 협력 관계도 그대로 유지할 수 있다. 물론 "NO."라고 말하는 게 쉬운 일은 아니다. 하지만 상대에게 계속 관심을 가지면서 존중하는 태도를 보인다면 설사 당신이 상대의 부탁을 거절하더라도 그 사람과의 관계는 얼마든지 그대로 유지할 수 있다.

무의미한 승리는 상대에게 양보하라

의미 없는 설전에 목숨 걸지 마라. 무의미한 승리는 상대에게 양보하라. 오히려 당신이 더 빛나게 된다.

같은 말이라도 어떻게 표현하느냐에 따라 효과가 달라진다. 직장에서도 보면 말 때문에 사람들에게 미움을 사고 인정받지 못하는 사람이 꼭 있다.

소영은 회사에서 사람들이 모두 기피하는 대상이다. 그녀와 한 번이라도 대화를 나눠본 사람들은 다시는 그녀와 말을 섞기 싫다고 말한다.

명문대학을 졸업한 그녀는 똑똑하고 경험도 풍부하다. 매번 부서 회의 때마다 그녀는 물 만난 고기처럼 거침없이 자기 생각을 얘기하며 심지어 상사의 의견에도 주저하지 않고 반대 의견을 표출한다. 처음 그녀를 본 사람들은 모두 보통이 아니라고 생각한다.

그렇지만 그녀는 회사 안에서 협업하기 힘든 사람으로 소문이 자자하다. 다른 부서는 물론이고 같은 부서 팀원들조차 그녀와 일하는 걸 매우 꺼린다.

문제는 바로 '말'에 있었다. 누군가와 의견이 부딪칠 때마다 상대에게 매우 거친 말로 반박하기 때문이다. 그녀와의 '말싸움'에서 진 사람들은 더는 그녀와 어울리기 싫어하고 어떤 형태로든 마주치기 싫어한다.

단순히 업무 능력으로만 보자면 그녀는 매우 유능한 사람이다. 상사 역시 그녀의 업무 실력은 인정하지만 대인관계에는 문제가 많아 인사 고과에서 좋은 평가를 주지 못했다.

이에 불만을 품은 소영은 결국 사직서를 제출하고 회사를 그만뒀다. 상사와의 면담에서 그녀가 말한 퇴사 이유는 '회사가 본인의 능력을 제대로 알아주지 않아 단 한 번도 상여금을 제공하지 않았기 때문'이라고 말한 것으로 알려졌다.

모든 사람은 자기 의견과 생각을 남들에게 인정받길 원한다. 그런데 문제는 모든 사람이 자기만의 '왕국'에서 '국왕' 역할을 맡고 있다는 점이다. 모두가 '국왕'이기 때문에 저마다 자기 방법으로 왕국을 다스리고 싶어 한다. 그래서 서로의 의견에 동의하고 생각을 모으는 일이 쉽지 않다.

직장에서 당신의 생각에 반대 의견을 보이는 사람에게 지나치게 날카로운 이빨을 드러낼 필요는 없다. 그렇게 한들 업무에도 전혀 도움이 안 되고 직장 내 대인관계에도 아무런 이득이 없기 때문이다. 말은 이기려고 하는 게 아니다. 승패를 굳이 가를 필요가 없다. 일에서도 관계에서도 여유가 있어야 한다. 당신의 목적이 주변 사람들을 쫓아내는 거라면 최선을 다해 반박하고 치열하게 다투면 된다. 하지만 그러는 사이 당신의 이미지는 망가지고 대인관계도 틀어진다.

그렇다면 어떻게 해야 할까? 어떻게 하면 문제를 잘 처리하면서 사람들의 마음을 얻고 원만한 관계를 유지할 수 있을까? 비결은 바로 무의미한 승리를 상대에게 양보하는 것이다. 말은 조금 아끼되 뜻만 분명하게 전하면 된다. 괜히 감정을 내세워 말싸움으로 번지지 않게 하라. 정상적으로 사고하는 사람이라면 당신의 뜻을 충분히 알아차릴 것이다.

그런데도 지고는 절대 못 사는 성격의 사람은 어떡하면 좋을까? 지는 걸 인정한다고 딱히 피해가 되지 않는다면 가볍게 웃어

넘겨도 된다. 다시 한번 말하지만, 의미 없는 설전에 목숨 걸지 마라. 무의미한 승리를 상대에게 양보하면 오히려 당신이 빛나며 상대 역시 기꺼이 당신에게 협조하려 할 것이다.

2보 전진을 위해
1보 후퇴하라

직장에서 과도한 논쟁은 부정적인 결과를 가져온다. 당장 억울한 마음이 들고 하고 싶은 말이 많아도 한숨 쉬어가라.

다른 사람의 무리한 부탁을 거절하지 못해 어쩔 수 없이 들어줘야 하는 상황이 되면? 분명 내 잘못이 아닌데 질책은 질책대로 받고 그 일에 관해 따지려 들었다가는 나만 예민한 사람이 되어버리는 상황이라면?

논쟁이나 말싸움도 마찬가지다. 진 사람만 망신을 당하고 억울할 것 같지만 이긴 쪽도 타격이 있다. 좋지 않은 일에 엮였다는 사실만으로도 부정적인 이미지가 생기기 때문이다.

해진은 잔뜩 화가 난 얼굴로 씩씩거리며 상우를 회사 옥상으로 불러냈다.

“대체 뭐 하자는 거예요? 왜 우리 둘이 주고받은 메일을 팀장님한테 보내요?”

상우는 태연하게 대답했다.

“다른 뜻은 없어요. 우리가 주고받은 내용이 지금 진행 중인 프로젝트와 연관된 내용이라 보고 겸 보낸 거예요. 그게 무슨 문제예요?”

“제가 동의 안 했잖아요. 몇 번을 말해요! 이번 프로젝트는 제 책임이고, 당신은 그냥 협조하는 거예요! 알겠어요?”

“왜 그렇게 화를 내요? 저는 그냥 제안한 것뿐이에요. 맞아요, 프로젝트 설계는 당신이 하는 거예요. 그러니 결과도 당신이 책임지면 되죠.”

상우는 그렇게 말하고 사무실로 내려갔다.

한솥밥을 먹는 직장 사람들과 지내다 보면 내 밥그릇을 뺏기는 경우가 종종 생긴다. 위 예화에서는 메일 한 통이 두 사람 사이에 격렬한 논쟁을 야기했다. 논쟁의 당사자들은 자기 생각이 옳다고 믿었고, 지지 않으려고 서로 날을 세웠다. 하지만 아무리 내 생각이 옳다 해도 시비조로 상대에게 말을 하면 동의를 얻어내기 어렵다. 프랭클린은 “논쟁에서 승리한들 공허할 뿐이다. 왜냐하면 당신은 절대로 상대의 호감을 살 수 없기 때문이다.”라고 말했다.

논쟁이 벌어지면 당사자들은 모두 불쾌해진다. 그런데 한발 양보하면 오히려 만족감이 높아진다. 양보를 한다 해서 상대보다 못하거나 모자란 게 아니다. 양보는 관계를 좁히는 중요한 열쇠이며 아주 훌륭한 처세술이다.

직장생활을 하는 동안에는 누구나 자기 의견과 생각을 표현해야 한다. 위 예화에 등장한 해진은 상우를 밖으로 불러냈다. 다른 직원들 앞에서 논쟁하고 싶지 않아서였다. 그러나 “나는 네가 무섭지 않아. 내 영역에 함부로 침범하지 마.”라는 경고는 매우 강력했고, 상대를 아주 난감하게 만들었으며, 둘의 관계를 악화시켰다.

무엇보다 확실히 알아두어야 할 것은 직장 내에서의 논쟁은 단순한 에피소드가 아니며, 승리를 얻어내기 위한 일은 더더욱 아니라는 점이다. 그래서 더 조심해야 하고, 자신의 주장을 내세우려면 타당한 근거와 이유를 제시해야 한다. 물론 더 좋은 것은 애초에 논쟁을 벌이지 않는 것이다.

그렇다면 직장에서 논쟁을 피하는 방법은 무엇일까? 다음의 몇 가지 사항을 참고해보자.

(1) 논쟁이 생기는 것은 사람마다 문제를 바라보는 시각이 다르기 때문이다. 그래서 대부분의 경우에는 맞고 틀리고가 없다. 다른 사람의 생각과 의견을 존중하자.

(2) 다른 의견을 받아들일 줄 알아야 한다. 상대의 의견을 들어보고 옳다면 겸허히 수용하라. 나는 왜 그 생각을 하지 못했는지, 왜 길을 돌아왔는지 생각해보라. 만일 상대의 의견이 잘못되었다면 바로 반박하지 말고 내 의견을 한 번 더 생각해보자. 이 과정에서 그전에는 미처 발견하지 못했던 내 생각의 오류나 허점을 발견할 수 있다.

(3) 반대 의견을 솔직하게 제시하되 그 방식과 태도에 주의해야 한다. 또 상대의 의견 가운데 합리적이고 올바른 부분은 솔직하게 인정하자. 그래야만 상대가 더 편하게 당신의 의견을 받아들인다. 다만 주의할 것은 의견이 아닌 그 '사람'까지 판단하려고 하면 안 된다.

(4) 토론이 과열되어 논쟁으로 번지지 않게 하려면 항상 기억하라. 토론은 여러 사람이 어떤 사건, 사물에 대한 인식을 조금 더 깊이 이해하고 일의 진전 사항을 알아보기 위한 것이다.

대인관계 전문가 카네기는 “논쟁에서 진짜로 이기는 방법은 논쟁을 피하는 것이다.”라고 말했다. 논쟁을 좋아한다면, 심지어 거기서 상대를 누르고 종종 승리를 얻어내는 사람이라면 기억해야 할 것이 있다. 그러한 승리는 공허하다는 점이다. 왜냐하면 평생 상대에게 호감을 살 수 없기 때문이다.

하지만 때로는 격렬한 논쟁 끝에 문제가 뚜렷해지기도 하고 상대를 더 쉽게 이해하고 양보하는 계기를 얻기도 한다. 물론 이런 소통 방식은 상황에 따라 선택적으로 사용해야 한다.

말을 끊는 사람에게도 최선을 다하라

남의 말을 자꾸 끊는 사람, 말을 너무 길게 하는 사람은 좋은 대화 상대가 아니다.

누구에게나 발언권이 있다. 그렇지만 다른 사람의 말이 끝나기도 전에 그 권리를 행사해서는 안 된다. 예의 없는 행동이기 때문이다. 이런 행동은 반감을 사고 심지어 직장생활과 향후 커리어에도 나쁜 영향을 줄 수 있다.

윤하와 시영은 각각 다른 부서에서 관리자 역할을 맡고 있다. 윤하는 일은 잘하지만 남의 말을 끊고 대화의 주도권을 가져가는 경우가 많다. 그러다 보니 당연히 다른 사람들의 생각을 잘 모르고 오해할 때도 많다. 시영은 말수가 적고 사람들에게 특별히 주목받을 정도로 특출한 인재는 아니다. 그렇지만 상사나 동료들과 이야기를 나눌 때 항상 끝까지 귀를 기울이고, 말이 끝나면 차분하게 자기 생각을 보탠다.

연말이 되자 인사 고과가 진행되었다. 사람들은 모두 시영에게 더 높은 점수를 주었다. 한 달 뒤, 이사회는 공석이 된 자리에 윤하와 시영을 놓고 줄다리기를 하다 시영을 앉히기로 의견을 모았다. 남의 말을 끝까지 경청하는 시영의 습관이 빛을 발한 순간이었다.

대화를 나눌 때 핵심 주제와 관련해 나의 의견을 내놓는 것은 매우 중요한 일이다. 타이밍을 잘 맞춰 말하면 상대를 불쾌하게 만들지 않으면서 대화의 격조를 높일 수 있다.

그런데 우리 주변에는 남이 말할 때 꼭 중간에 끊고 들어오는 사람이 있다. 예를 들면 고객이 프로젝트에 관해 설명하고 있는데 갑자기 중간에 훅 치고 들어와서 "이 프로젝트는 당사에 성공사례가 있습니다.", "이 프로젝트는 귀사에 큰 수익을 남겨줄 것입니다."라고 말하는 것이다. 이 외에, 회의에서 발표를 하고 있는데 갑자기 말을 끊고 질문을 던지는 사람도 생각보다 많다.

이런 상황이 벌어지면 그 사람이 당신을 일부러 당황하게 하려고 한 것이 아니라 그 사람의 생각 속도가 다른 사람보다 더 빠르다고 생각하라. 아니면 상대가 정말로 내 발표 내용에 관심이 많아서 자기 생각을 조금 더 빨리 전달하고 싶고, 궁금한 마음에 그럴 수 있다고 이해하라.

어떤 상황이든 말을 끊기 좋아하는 사람을 만났을 때는 다음과 같은 몇 가지 대책을 적용해볼 수 있다.

(1) 말을 먼저 끝낼 수 있게 요청하기

발언을 시작할 때 준비한 내용을 모두 발표한 뒤에 질문하거나 발언할 수 있도록 분명히 요청하자. "이번 발표는 총 다섯 부분으로 진행됩니다. 질문이 있거나 발언할 내용이 있으신 분들은 발표가 모두 끝난 뒤에 해주시길 바랍니다."

(2) 계속 말을 이어가기

누군가 말을 중간에 끊어도 계속 당신이 하던 말을 이어갈 수 있다. 꼭 그 사람한테 신경을 쓰거나 대꾸할 필요는 없다. 자신 있게 하던 말을 이어가면서 약간 목소리를 낮추면 끼어들었던 사람은 당신의 얘기를 듣기 위해 말을 중단할 것이다. 때로는 다른 사람이 일어나서 그의 말을 중단시키고 당신에게 한 번 더 얘기해달라고 요청할 수도 있다.

(3) 다른 사람을 대화에 참여시키기

사람이 많은 곳에서 함께 대화하는데 자꾸만 중간에 말을 끊고 끼어드는 사람이 있다면 다른 사람을 당신의 대화 속에 참여시키는 것도 좋은 방법이다. "이 일에 관해서 여러 사람의 의견을 들어봤으면 좋겠어요. OO 씨는 어떻게 생각하시나요?"

(4) 개인적으로 따로 말하기

끼어들어 말하는 사람이 본인의 무례함을 잘 인지하지 못한다면 따로 대화할 시간을 마련해보자. 그리고 그때 그의 행동이 당신을 비롯한 다른 사람에게 어떤 영향을 미치는지 알려주도록 하자.

말하는 방법만 바꿔도 결과가 달라진다

자꾸만 사람들 사이에 갈등과 마찰을 일어난다면 화법을 조금 바꾸어 보자. 큰 효과를 볼 수 있을 것이다.

무심코 내뱉은 한마디가 향후 진급이나 임금 인상, 직장생활에 영향을 줄 수 있다. 그렇다면 어떻게 말을 해야 본인의 이미지와 커리어에 가산점을 줄 수 있을까? 실제로 많은 곤란한 일들이 말과 소통 방식 때문에 일어나는 경우가 많다. 화법을 조금만 바꾸어도 좋은 효과를 볼 수 있다.

1. "그래도 방법이 있지 않을까요?"

"망했다, 망했어! 끝났어!"라는 말을 들으면 정말 무슨 큰일이라도 일어난 것 같다. 이런 말은 그 즉시 공포 분위기를 형성한다. "그래도 방법이 있지 않을까요?"라고만 이야기해도 분위기가 한층 부드러워진다.

2. "일단 한번 해 볼게요."

상사가 주요 업무 이외의 다른 일을 당신에게 지시하면 혹시나 해내지 못할까 봐, 혹은 그 일 때문에 본업에 지장이 갈까 봐 염려하게 된다. 어쩌면 상사가 자신을 차별해서 아무도 하고 싶어 하지 않는 일을 당신에게 떠넘기는 것이라고 생각할 수도 있다. '이걸 나한테 하라고? 왜? 안 해! 싫어!'라고 생각하더라도 입 밖에 나오지 않게 조심하라. 상사가 왜 당신에게 그런 일을 시켰든 반항적인 말투로 대답하지 않도록 주의해야 한다. 불만스럽고 부정적인 말투만으로도 당신에 대한 부정적인 이미지가 생긴다. 대신 "자신은 없지만 일단 한번 해 볼게요. 혹시 문제가 있으면 보고드리겠습니다."라고 말해보자. 상사에게 좋게 보여 나쁠 일이 없기도 하지만 이것저것 많이 경험해보는 것이 성장에 도움이 되기 때문이다.

3. "OO에게 도움을 많이 받았어요."

직장에서는 늘 평가를 받기 때문에 동료들끼리 서로의 장점은 쉽게 간과하고 부족한 점에 대해서만 예민해지기 쉽다. 모든 사람은 자신의 가치를 인정받고 싶어 하기 때문에 다른 사람의 장점을 칭찬하고 관심을 주면 직장에서 당신에 대한 호감도는 자연스럽게 높아진다. "OO는 아이디어가 정말 많아요. OO에게 도움을 많이 받았어요."라고 말해보자.

4. "미안한데 좀 부탁할게."

직장에서의 우정은 조금만 더해도 과하고 조금만 부족해도 인색하다는 평가를 받는다. 게다가 모든 사람은 입장이 다 달라서 생각하는 것도 다르고 말도 많다. 그래서 정도를 지키는 것이 더욱 중요하다. 꼭 기억해야 할 것은 직장 내에서도 독립하는 법을 배워야 한다는 점이다. 동료 간 협업도 중요하지만 동료애를 빌미로 과도하게 도움을 청하거나 부탁하는 일은 없어야 한다. "동기 좋다는 게 뭐야. 좀 도와줘. 의리 없이 정말 이럴 거야?"라고 말할 게 아니라, 정말로 도움이 필요하다면 "일이 많을 텐데, 나까지 일을 줘서 미안하네. 그래도 좀 부탁할게. 이 일은 네가 제일 잘할 것 같아."라고 말해보자.

5. "생각 좀 해보고 연락드릴게요."

누군가 부탁을 해올 때 아예 무시하거나 매몰차게 대답해서 이미지를 망칠 필요는 없다. 하지만 들어줄 수 없는 부탁이거나 들어줘서는 안 될 부탁일 경우에는 정중하게 거절을 해야 한다. 아니면 "죄송해요. 생각 좀 해보고 연락드릴게요."라고 말하면서 시간을 벌어라. 우선 내 업무부터 처리하고 부탁을 들어줄 것인지 말 것인지 결정해도 된다.

6. "다른 의견 없어요?"

모든 사람이 자기 생각을 솔직하게 말하고 싶어 하지는 않는다. 다른 의견을 듣고 싶다면 "다른 의견 없어요? 이 안건에 관해 어떻게들 생각하시는지 궁금해요."라고 물어보자. 이때 다른 사람이 정말로 좋은 방안이라고 내놓는 것이 당신 생각에는 그렇지 않을 수도 있다. 그렇다 하더라도 다른 의견은 중요하다. 다른 사람은 당연히 나와 다르게 생각할 수 있다는 점을 기억하자.

7. "죄송합니다. 제 잘못이에요."

남을 무시하거나 책임을 회피하기 위해 다른 사람을 탓하거나 비난하는 사람은 어디에나 있다. 그렇게 하면 당장의 질책이나 책임은 피할 수 있을지 모르지만, 쓴소리는 듣지 않고 오로지 칭찬과 인정에만 매달리면 성장을 기대할 수 없다. 성공하는 사람들은 언제나 자기 실수와 정직하고 용감하게 대면한다. "죄송합니다. 제 잘못이에요. 정말 죄송합니다."

8. "제가 제대로 전달하지 못한 것 같아요."

누군가를 의심하면 얻는 것보다 잃는 게 많다. 의심하는 마음은 자신을 갉아먹기 때문이다. 게다가 누군가를 믿어주면 그 사람에게서 밝은 빛이 나오는 걸 볼 수 있다. 다른 사람을 신뢰하는 것이야말로 자신감이다. 다른 사람을 의심하고 탓하기보다 나로부터 다시 시작해보자. "제가 제대로 전달하지 못한 것 같아요. 한 번 더 말씀드릴게요."

제9장

비즈니스 관계에서 말하는 법

비즈니스에서 말하기가 갖는 힘은 상상을 뛰어넘는다. 고객의 마음을 사로잡는 말하기를 하고 싶다면 상대의 입장에서 생각하고 배려할 줄 알아야 한다. 오로지 실적을 올리기 위한 마음으로 대화하면 일을 그르치기 십상이다.

예의 없는 전화 통화가
일을 그르친다

전화 통화를 만만하게 보지 말자. 이 역시 일종의 기술이자 예술이다. 전화 통화 예절을 잘 알면 당신도 소통의 고수가 될 수 있다.

L은 한 손에 가방을, 한 손에 커피를 들고 출근하는 길이었다. L이 발걸음을 재촉하고 있는데 갑자기 휴대전화 벨소리가 울렸다. '아침 댓바람부터 대체 누구야?'라고 생각하며 조심조심 가방에서 휴대전화를 꺼내 보니 엄마였다.

엄마는 급한 용무는 아니라고 운을 뗐다. 그러면서 지난주에 건강검진을 하고 의사한테 추천받은 약들이 있는데 집 근처에 없어서 못 샀다, 대신 사줄 수 있겠느냐, 한약과 양약이 섞여 있는데다 어떤 약은 이름이 영어로 되어있다고 말했다. L은 어쩔 수 없이 그 자리에 쭈그리고 앉아 엄마가 불러주는 알파벳을 받아 적었다.

문자 메시지나 메신저로 약 이름을 적어서 보내면 될 것 아니냐고, 아니면 포장재 사진을 찍어서 딸에게 보내줄 수는 없었냐고 물을 수 있다.

이렇듯 이해하기 힘든 여러 요소에 관한 이야기는 잠시 제쳐두자. 어머니의 입장에서 생각해보면 그냥 전화하고 싶을 때, 생각날 때 전화를 거는 게 아무런 문제가 되지 않는다. 나이도 들었고 기억력도 좋지 않아서 기억이 날 때 자식에게 빨리 전화를 걸어 일을 처리하는 게 낫다고 생각하기 때문이다.

그렇지만 모두 알다시피 타인에게 전화를 걸거나 받을 때도 마땅한 예의를 지켜야 한다. 전화는 사람과 사람 간의 소통을 도와주는 통신 도구다. 어떤 이는 전화를 받을 때 말투나 억양, 사용하는 단어나 표현에 주의를 기울여 상대를 편안하게 만들지만, 다소 거칠고 격조 떨어지는 언어를 사용해 듣는 사람을 불편하게 만드는 사람도 있다.

전화를 걸 때도 마찬가지다. 전화를 걸어서 상대가 지금 통화하기 편한 상황인지 묻지도 않은 채 다짜고짜 본론부터 말하는 사람들이 있다. 회의 중이거나 운전 중인 사람, 수업 중인 사람과 통화를 하는 건 엄연히 그 사람의 시간을 '빌리는' 행위다. 먼저 "지금 통화 괜찮으세요?"라고 물어서 상대의 소중한 시간을 존중한다는 뜻을 전달해야 한다. 그러지 않고 막무가내로 전화를 걸어서 하고 싶은 말을 쏟아내면 상대는 매몰차게 전화를 끊어버릴지도 모른다.

전화를 거는 것도 그리 간단한 일은 아니다. 전화 통화 역시 기술이자 예술이다. 다음은 전화 통화와 관련한 몇 가지 요령에 관한 내용이다. 이 요령을 잘 활용하면 소통의 고수가 될 수 있다.

(1) 업무 습관과 업무에 집중하는 시간은 사람마다 다르다. 예를 들어 관리자와 통화를 하려면 출근 후 30분 이내가 좋다. 관리자들은 대개 출근 시간을 준수하고, 출근 뒤 30분 정도가 지나면 각종 회의와 업무 처리로 매우 바쁠 것이기 때문이다. 새로운 고객, 잠재 고객 등의 연락처 옆에도 편하게 통화를 할 수 있는 시간대를 적어두는 것이 좋다. 하지만 상황이란 언제든 바뀔 수 있으므로 통화가 됐다면 바로 "지금 통화 괜찮으세요?"라고 확인을 하라.

(2) 통화를 하다가 자질구레한 정보들, 예를 들어 주소나 전화번호, 날짜와 시간 등을 알려줘야 할 일이 생기면 문자 메시지

로 보내거나 "지금 혹시 메모 가능하신가요?"라고 물어서 메모할 준비를 할 수 있게 하라.

(3) 모든 일에는 사전에 준비가 필요하다. 전화 통화 전에 상대에게 하고 싶은 말을 종이에 적어두거나 적어보면 중요한 정보를 조금 더 조리 있게 전달할 수 있다.

(4) 전화를 했는데 연결이 안 됐다면 문자 메시지로 간단하게 당신은 누구이고, 전화한 이유는 무엇인지 간략하게 적어 보내라.

(5) 통화를 할 때는 말투와 목소리가 당신의 인상이 된다. 상대는 당신이 어떤 사람인지 말투와 목소리로 판단한다. 그러니 통화는 최대한 안정적인 분위기에서 가능하면 미소를 지으며 하는 것이 좋다. 표정은 말투에도 묻어난다.

고객이 감동하면 반은 성공한 것이다

사람은 모두 자기애가 있다. 소통을 위한 가장 좋은 방법은 내가 생각하는 걸 먼저 말하지 않고 상대의 생각을 이해한 다음에 내가 하고 싶은 말을 하는 것이다.

모든 일이 그렇듯이 대화도 시작이 중요하다. 만일 고객에게 제품을 판매하거나 어떤 서비스를 제공하는 입장이라면 고객이 비용을 지불하기 전에 비용을 지불함으로써 얻을 수 있는 효용이나 가치, 혜택에 대해 알려주는 것이 좋다. 이렇게 소통의 기초를 닦아 놓으면 그 이후로는 일이 훨씬 쉬워진다.

최근 A사는 한 프로젝트에 착수했다. 그중 한 하드웨어는 입찰이 필요했다. 한 대형 외자기업에서 해당 건에 큰 관심을 보였고 특별히 영업사원 이 씨를 A사에 파견해 시연하게 했다.

A사 책임자는 이 씨가 대형 외자기업 소속의 영업사원인 만큼 전문성을 갖췄을 거라고 기대했다. 실제로 해당 기업은 영업사원들에 대한 교육을 정기적으로 진행하고 있었고, 배운 내용에 대한 시연 수업을 정기적으로 시행했다. 그렇지만 직원들끼리 시연을 하는 방식과 영업을 할 때 시연을 하는 방식은 달라야 했다. 그런데 이 씨는 자기 회사에서 직원들끼리 하던 방식으로 시연을 했다. 더 난감했던 것은 이 씨가 프로젝트와는 전혀 상관없는, 예를 들어 자기 회사는 일찍 출근하면 질 좋은 공짜 우유와 신선한 커피를 제공한다는 둥 쓸데없는 얘기를 자꾸만 한다는 점이었다. 결국 프로젝트 담당자는 그의 말을 중단시켰고, 예의상 프로젝트에 관한 프레젠테이션을 할 수 있도록 약간의 시간을 더 주었다.

A사는 해당 외자기업에 어느 정도 신뢰가 쌓여있는 상황이었다. 그렇다면 이 씨가 A사에 와서 해야 할 일은 명확했다. 그가 전해야 할 메시지는 "최신 기술과 성능을 자랑하는 우리 회사의 제품을 선택하면 A사는 최대의 영업 이익을 얻을 수 있다."였다. 그런데 안타깝게도 이 영업사원은 '왜 당신이 우리 제품을 선택해야 하는지'를 확실하게 설명하지 못했다. 그러니 고객도 그의 말

에 아무 관심과 흥미가 없을 수밖에 없었다.

공적인 관계에서의 대화는 당신이 상대에게 줄 수 있는 것은 무엇인지를 명확하게 전달하는 것이 목표다. 그래야 상대가 정확하게 알아듣고 판단을 할 수 있다. 그런데 많은 사람이 이 영업사원처럼 감동을 주는 프리젠테이션과 대화에 실패한다. 대화는 곧 소통이며, 소통이란 상대의 입장에 서서 그의 입장을 이해하는 것이지 내 생각을 강요하고 주입하는 것이 아니다.

사람은 모두 자기애가 있다. 그래서 소통의 가장 좋은 방법은 내가 생각하는 것을 먼저 말하지 않고 상대의 생각을 이해한 다음 내가 하고 싶은 말을 하는 것이다. 또한 정보는 많이 전달하는 것보다 정확하게 전달하는 것이 훨씬 중요하다. 대화를 나누는 양측이 똑같이 만족하려면 제시간에 정확히 대화를 끝내야 한다. 더 오래 이야기를 한다 해도 서로 지치기만 할 뿐이다. 좋은 인상을 남기려면 상대가 필요로 하는 정보를 전달하고 쓸데없는 말을 줄여라.

상대의 입장에서
말하는 법을 익혀라

상대의 입장에서 말해야만 당신이 생각하는 대로 대화가 진행되고 상대에게 인정을 받을 수 있다.

소통의 핵심은 무엇일까? 얼마나 말을 많이 했는지, 얼마나 같이 있었는지는 전혀 상관없다. 진심으로 상대의 입장에서 문제를 바라보고 생각했는지가 핵심이다.

카네기는 모 호텔의 연회장을 빌려 종종 강연을 했다. 그런데 얼마 지나지 않아 해당 장소의 대관비가 세 배나 올랐다는 소식을 듣게 되었다. 그는 담당자를 만나 대화를 해야겠다고 생각하고 그를 찾아갔다.

"대관비가 세 배 올랐다는 소식을 들었습니다. 저라도 그렇게 했을 겁니다. 당신은 호텔 매니저고, 당신이 해야 할 일은 호텔의 이윤을 최대한 창출하는 것이니까요."

카네기는 호텔 매니저의 마음을 충분히 이해한다는 표정으로 말을 이었다.

"만일 연회장을 파티장이나 행사 장소로 사용한다면 짧은 시간 안에 많은 이윤을 남길 수 있을 겁니다. 하지만 그거 아시나요? 제 강연을 들으러 오는 사람들은 대부분 각 기업의 중간 관리 이상의 직책을 담당하고 있습니다. 그들 모두가 이 호텔의 잠재 고객들이죠. 중요한 건 그들의 수가 더 많고 활동 범위가 훨씬 넓다는 거예요. 아마 5천 달러를 투입해도 이렇게 많은 사람에게 한 번에 효과적으로 광고를 진행할 수는 없을 겁니다. 그렇다면 어떻게 하는 것이 호텔을 위한 길인지 한번 생각해보시기 바랍니다."

매니저는 그 자리에서 대관료를 올리지 않고 원래 대로 받겠다고 약속했다.

카네기는 대관료 인상이라는 문제를 먼저 꺼내지 않았다. 먼저 상대의 입장에서, 그의 상황과 직책을 생각하고, 그가 속해 있는 호텔의 입장도 이해해주었다. 그리고 자신이 호텔에 줄 수 있는 효과를 알림으로써 자신이 원하는 바를 이루어내었다. 그가 대뜸 자신의 요구만 말했다면 "내가 왜 당신 말을 들어야 하죠?", "그게 나랑 무슨 상관이에요?"라는 반응이 나올 수도 있었다. 그래서 대화를 할 때는 상대의 입장에서 생각하는 것이 중요하다. 학술 보고처럼 데이터를 근거로 들이대며 자기 용건만 말하면 소통이 오히려 막힌다.

예를 들어보자. 한 여성 동료가 새 옷을 사 입고 회사에 출근했다. 감성지수가 높은 사람은 "와, 새 옷이네? 너무 잘 어울린다." 라고 말하면서 상대의 안목과 센스를 칭찬할 것이다. 하지만 감성지수가 낮은 사람은 "어? 어제 우리 집 근처 옷가게에서 이거랑 똑같은 옷 봤어. 지금 세일하던데?"라고 말한다. 그러고는 미안한 마음에 한마디를 더 보탠다. "미안, 화내지 마. 다른 뜻은 없었어. 그냥 내가 본 대로를 솔직하게 말한 것뿐이야."

자기만 아는 사람보다는 주변인을 챙기고 배려하는 사람이 환영받는다. 또 이들은 대개 문제를 현명하게 처리하고 상대 입장을 생각하면서 말을 하기 때문에 주변에 늘 사람이 많다. 자신의 기분과 입장보다는 다른 사람을 배려하며 말한다면 누구와도 원만한 관계를 이어갈 수 있고 두루두루 사랑을 받을 것이다.

내 생각을 상대 스스로 생각한 것이라고 믿게 만들어라

상대의 입을 통해 당신의 생각이 흘러나오게 하라. 상대가 당신의 생각에 스며들게 만들면 당신에게 기회가 열릴 것이다.

사람들은 일을 처리할 때 '자기 방식'을 선호한다. 그러나 아무리 훌륭한 아이디어라도 상사나 고객의 동의를 얻지 못한다면 아무런 소용이 없다.

분명 당신의 생각이 옳은데도 상대가 받아들이지 않을 땐 어떻게 해야 할까? 때로는 '두 걸음 전진을 위해 한 걸음 후퇴'가 필요할 때도 있다. 그럴 때는 고집스럽게 당신의 생각을 강요하기보다 상대가 당신의 의견에 흥미를 느낄 수 있도록 유도하는 것이 좋다.

당신의 의견을 상대의 머릿속에 '스며들게' 하면 어느새 기회는 당신의 품 안에 들어와 있을 것이다.

패션디자인 회사의 영업사원 윌리엄은 지난 3년간, 거의 주말마다 뉴욕의 한 백화점 대표를 찾아갔다. 대표는 윌리엄의 방문을 거절하진 않았지만, 그렇다고 그와 업무 협약을 맺거나 계약을 하지도 않았다.

어느 날 문득 윌리엄은 어쩌면 뭔가 잘못되었을지도 모른다고 생각했다. 지금과 똑같이 하면 변화가 없을 것 같았다. 어떻게 하면 대표의 마음을 열 수 있을지 그는 진지하게 고민했다. 그리고 오랜 고민 끝에 미완성인 디자인 시안 몇 장을 들고 다시 대표를 찾아갔다.

"대표님, 안녕하십니까. 이번에는 제가 예전과는 조금 다른 디자인을 가지고 왔습니다. 이 디자인 시안은 아직 다 완성되지 않은 것들입니다. 보면서 혹시 대표님이 원하는 디자인 방향이나 조건들이 떠오르면 말씀해주십시오."

그가 가져온 시안을 한참 살펴보던 대표는 의미심장한 말투로 말했다.

"이 시안들은 일단 두고 가세요. 제가 한번 살펴보고 다시 연락드리리다."

며칠 뒤, 대표에게서 연락이 왔다. 윌리엄은 그의 사무실에 가서 다시 시안을 가져와 그의 의견대로 디자인을 수정해주었다. 그리고 얼마 후 계약하고 싶다는 의사를 전달받았다.

대표는 그 뒤로도 몇 건을 더 계약하고 싶다는 의사를 밝혔고, 윌리엄은 많은 수익을 올릴 수 있었다.

그는 지난날의 과오를 떠올리며 이렇게 말한다.

"제가 뭘 잘못하고 있었는지를 깨닫고 무엇을 수정해야 하는지 깨닫는 데 너무 많은 시간이 걸렸습니다. 고객이 진짜로 원하는 게 뭔지 생각하지 않고 제 안에 갇혀서 '이 고객에게는 이런 제품이 필요할 것이다.'라고 결론 짓고 있었던 거죠. 지금은 달라요. 먼저 고객에게 의견을 물어보고, 직접 시안을 수정할 기회도 드려요. 그러면 제가 굳이 뭘 하지 않아도 고객들이 먼저 계약을 하자고 해요."

상대가 싫어하는 일을 억지로 하게 하기는 정말 어렵다. 그렇지만 본인이 원하면 굳이 누가 시키지 않아도 알아서 하는 게 사람이다. 상대를 움직이게 하는 원리는 간단하다. 그것이 당신의 생각이 아니라 그들 스스로의 생각이라고 믿게 만들면 된다.

이를 위해서는 인내심이 필요하다. 천천히, 조금씩 그들이 당신의 생각에 스며들게 해야 한다. 당신이 원하는 걸 직접 말하기보다 상대의 입에서 당신의 생각이 흘러나오게끔 유도하라. 그것이 승리의 비결이다.

상대의 인정을 받고 싶은가? 그가 당신과 같은 생각을 하도록 이끌어라. 당신의 생각을 그의 머릿속에 강제로 집어넣으려고 하는 순간 실패한다는 걸 기억해야 한다.

다름에서 같음을 찾아내라

모든 사람은 자기만의 생각과 입장이 있다. 그렇지만 다름을 수용할 수 있는 공간도 얼마든지 존재한다. 다름에서 같음을 찾아내는 법을 배우면 애당초 물건을 필요로 하지 않던 사람에게도 물건을 팔 수 있다.

어떤 판매자도 세상 모든 구매자의 수요를 만족시켜 줄 수는 없다. 이건 시장의 기본 상식이다. 하지만 상품이나 서비스가 고객의 필요를 채워 줄 수 없다고 해도 상심하거나 좌절하지 마라. 오히려 더 적극적으로 대체 방안을 찾을 계기로 삼아보자. 정말로 좋은 대체 방안은 당신의 제품과 서비스뿐만 아니라 당신이라는 사람도 더 나은 사람으로 만들어 줄 수 있다.

승희는 한 행사의 초청장을 받았다. 초청장에는 '드레스 코드: 정장'이라는 내용이 담겨있었다. 곧바로 옷장 문을 연 그녀는 잠시 당황했다. 마땅한 옷이 없었기 때문이다.

그녀는 급한 마음에 친구들 사이에서 '지식인'으로 통하는 친한 친구에게 전화를 걸어 무슨 옷을 입어야 좋을지 조언을 얻었다. 통화를 끝내고 바로 옷 가게로 향한 그녀는 매장에 들어서자마자 원하는 걸 바로 얘기했다.

"검은색 레이스가 달린 긴 팔 정장을 사고 싶어요."

"아, 검은색 레이스가 달린 정장을 찾으세요?"

점원은 한 번 더 확인한 뒤 옷걸이 앞으로 가서 검은색 정장 한 벌을 골라 그녀에게 보여주었다. 하지만 레이스가 없었다.

"레이스가 없는데요."

"아, 레이스가 달린 걸 원하시죠?"

점원은 다시 옷걸이 앞으로 다가가 이번에는 큐빅이 달린 검정 셋업을 골라서 가져왔다. 한눈에 보기에도 마음에 들었지만 레이스가 없는 게 마음에 걸렸다.

"레이스가 아니라 큐빅이 달려있네요?"

점원은 정말 미안한 얼굴로 대답했다.

"죄송합니다, 손님."

그러면서 덧붙였다.

"그런데요, 손님, 저희 매장에 아주 예쁜 빨간색의 레이스 케이프가 있습니다."

점원은 빨간색 케이프를 가져와 옷과 함께 매치하며 말했다.

"이런 식으로 망토처럼 걸쳐주시면 돼요. 추울 땐 입었다가 더우면 벗어주시면 되고요. 손님 피부가 하얘서 이런 포인트 색이 들어가면 얼굴이 더 돋보이고 멋스러운 효과가 난답니다."

그녀는 점원이 추천해준 옷을 입어보았다. 정말 만족스러웠다. 결과적으로 그녀는 큐빅이 달린 검정 셋업과 빨간색 케이프를 모두 구매했다.

승희는 원래 레이스가 달린 검은색 바지 정장만 살 계획이었다. 처음에 그녀가 '검정', '레이스', '정장'이라는 세 가지 키워드를 말했을 때 점원은 '레이스'라는 조건을 깜빡했다. 게다가 승희가 딱 원하는 옷도 매장에는 없었다. 그런데도 승희는 만족했다.

매장에는 승희가 원하는 조건에 완벽하게 맞는 옷이 없었다. 하지만 똑똑한 점원은 "그런 옷은 없습니다."라고 딱 잘라 말하지 않았다. 고객의 요구를 경청한 뒤 재빨리 대체할 수 있을 만한 다른 상품을 매치시켰다. 하나씩 천천히 단계별로 매치하면서 승희가 원하는 조건을 만족할 만한 대체 방안을 찾아낸 것이다.

이것이 바로 다름에서 같음을 찾는 전략이다. 본인이 잘하고 잘 아는 일로 본인에게 불리한 형세를 뒤집어 고객이 자연스럽게 그 대체 방안을 수용하도록 유도하는 것이다. 고객이 특정 브랜드나 디자인을 지목했는데 당장 고객을 만족시켜 줄 수 없다면 다른 브랜드를 추천하거나 약간 비켜나가되 더 낫다고 생각할 만한 대안을 제시하면 된다.

모든 사람은 자기만의 생각과 입장이 있다. 그렇지만 다름을 수용할 수 있는 공간도 얼마든지 존재한다. 다름에서 같음을 찾아내는 연습을 반복하면 조금씩 상대와 공감대를 형성해 갈 수 있을 것이다.

처음부터 "YES."라는 대답을 끌어내라

다른 사람의 동의를 얻고 싶을 때는 자신의 생각부터 말하지 마라. 자칫 언쟁이 벌어질 수 있다. 대신 상대의 생각을 인정하면서 시작하라. 접근 방식이 다를 뿐, 상대와 목표가 같을지도 모른다.

처음부터 다짜고짜 상대의 말에 반대 의견을 내놓는 사람들이 있다. 이런 경우 분위기는 금세 날카로워지고 대화는 중단된다. 하지만 상대의 말을 잘 들어주고, 그의 의견을 인정하는 모습을 보이면 상대도 내 말에 귀를 기울이고 대화도 원활해진다.

은행원인 폴은 친절한 설명과 풍부한 지식으로 많은 고객을 유치한 우수 사원이다.

"그날 오전에도 한 남성 고객이 은행 계좌를 개설하고 싶다며 찾아왔습니다. 그래서 저는 늘 하던 대로 통장 개설에 필요한 서류들을 건네 드렸죠. 그분은 조금의 망설임도 없이 서류의 빈칸을 채워 나갔어요. 그런데 조금 뒤 표정이 살짝 어두워졌습니다. 아마 대답하기에 불편한 질문이 있는 듯했고, 더는 작성하기 싫은 것 같은 눈치였습니다."

폴은 그날의 상황을 떠올리며 말을 이어갔다.

"은행에서 요구하는 정보가 있는데, 그 정보를 내놓고 싶지 않다고 하시면 계좌를 열어드릴 방법이 없습니다. 그런데 그게 아니라 질문의 뜻을 잘 이해하지 못했거나 궁금한 점이 있다고 하면 고객이 이해할 수 있도록 설명해 드리는 게 제 의무죠. 설명을 드려야 하는 상황은 비교적 자주 있는 편입니다. 그럴 때마다 저는 묘하게 쾌감을 느끼고는 했어요. 제가 아주 똑똑한 사람이 되는 것 같았거든요. 하지만 시간이 지나면서 그런 생각을 버리게 되었습니다. 고객들은 돈 이전에 존중받기를 원한다는 사실을 알게 됐거든요. 이게 제가 고객을 대할 때 가장 중요하게 생각하는 부분입니다."

그는 진중하게 인터뷰에 계속 응했다.

"그래서 저는 그분께 은행 규정에 관해 그야말로 '고지'하는 대신 다른 방법을 택했습니다. '그 질문이 조금 거북하실 수도 있습니다. 충분히 이해합니다. 그런데 이렇게 생각해보시는 건 어떨까요? 만약 고객님이 갑자기 세상을 떠나신다면 은행은 이 돈을 고객님의 상속자나 가족, 지인분에게 양도해야 할 의무가 생기는 겁니다.' 그분은 고개를 끄덕였어요. 저는 계속 말을 이어갔습니다. '은행에서 고객님과 가장 가까운 분의 성함을 알고 있다면 예상하지 못한 돌발 상황이나 불의의 사고가 발생했을 때 조금 더 신속하고 정확하게 고객님의 바람대로 일을 처리할 수 있을 겁니다. 고객님도 그걸 바라지 않으시나요?' 그분은 동의한다는 듯 또 고개를 끄덕였어요."

폴은 물을 한 모금 마시고 내처 말했다.

"그러자 그분의 태도가 달라졌습니다. 은행의 규정이 은행만이 아니라 고객을 위한 것이기도 하다는 것을 알고 생각이 바뀐 거죠."

그 고객은 계좌를 개설한 뒤에 폴이 제안한 펀드 상품에도 가입했다. 수혜자 이름에 아내의 이름을 적었고, 모든 정보란을 꼼꼼히 채웠다.

신기한 일이다. 상대가 "YES."라고 말하도록 유도하면 언쟁은 벌어지지 않고 당신의 의견이 받아들여질 가능성이 높아진다. 즉 "YES."라는 대답은 마음을 열었다는 뜻이며, 상대의 의견을 수용하겠다는 의미다. 그런데 상대가 "NO."라고 한다면 이는 단순히 거절의 의미에 그치지 않는다. 온몸과 마음이 저항과 거부의 상태에 있다는 뜻으로 봐도 무방하다. 이는 당신의 의견을 수용할 의향이 없다는 메시지이며, 설령 시간이 한참 지나 자신의 그런 태도가 좋지 않았다는 것을 깨닫게 되더라도 체면과 자존심 등의 이유로 입장을 번복하지 않는 경우가 많다.

그러므로 상대에게 당신의 의견에 대한 동의를 얻어내고 싶을 때는 언쟁이 일어나지 않도록 시작부터 주의해야 한다. 상대가 인정하고 동의할 수 있는 이야기부터 꺼내라. 상대가 처음부터 "NO."라고 말한다면 인내심을 가지고 어떻게든 그의 태도를 바꿀 수 있는 다양한 방법을 생각해내야 한다. 다시 말해, 상대가 "YES."라고 말할 수 있도록 여러 방법을 시도해보라는 뜻이다.

특히 비즈니스에서 언쟁은 최악이다. 상대의 입장에서 문제를 인식하고 대처해야만 "YES."라는 대답을 얻어낼 수 있다.

거절당하는 것을 두려워하지 마라

거절당할 것을 두려워하지 마라. 거절당하는 경험이 쌓이고 있다는 것은 당신이 용감하게 앞으로 나아가고 있다는 방증이기도 하다.

세상에는 구매자와 판매자, 두 유형의 사람이 존재한다. 판매자는 누군가에게 거절당하는 일이 많고, 구매자는 누군가를 거절하는 일이 많다. 하지만 누군가의 제안을 거절하는 일도, 누군가에게 거절당하는 일도 쉽지 않다.

영업직의 경우 아무리 노력해도 실제 계약서에 도장을 찍는 고객은 10%밖에 되지 않는다. 최소 30%의 고객은 확실히 계약이 어렵고, 나머지 60%는 당신의 기지를 발휘해 마음을 돌려야 할 고객이다. 따라서 계약 의사가 없는 고객을 먼저 확실하게 걸러낸 다음, 남은 60% 고객을 끌어오기 위해 보다 현명하고 융통성 있는 방법을 활용해야 한다.

고객의 닫힌 마음을 여는 가장 핵심적인 방법은 바로 사물의 양면성을 활용해 단점을 장점으로 승화시키는 것이다. 어떻게 하면 될까? 방법은 다양하다. 예를 들어 '가격'을 이유로 계속 거절하는 고객이 있다고 하자. 그럼 "동의합니다. 당사 제품이 비싼 건 사실입니다. 그러나 품질 면에서는 현재 시장에 출시된 제품 가운데 최고라고 자부합니다. 싼 게 비지떡이라는 말도 있지 않습니까? 제품이 비싼 이유는 그만큼 품질이 좋기 때문입니다."라고 말할 수 있다.

하지만 고객이 당신의 회사 규모가 작아서 불안하다며 또다시 거절하면 어떻게 하는 게 좋을까? 그 자리에서 포기하고 물러나는 것이 맞을까? 아니다. "맞습니다. 하지만 규모가 작은 대신 발전 가능성은 아주 큰 회사입니다. 그래서 이번 계약에도 특별히 신경을 쓰고 있어요. 고객님에게도 각별한 관심을 쏟고 있고요." 라고 말하면 된다. 고객이 어떤 한 면에만 몰두하면 다른 면도 볼 수 있게 하는 것이 바로 당신의 역할이다.

살다 보면 거절을 당하는 일은 비일비재하다. 업계를 막론하고 특히 영업직에 있는 사람들은 고객의 냉대와 거절을 피해갈 수 없다. 하지만 '영원한 거절'이란 없다. 그저 지금, 잠시 인정받지 못할 뿐이다. 그런데도 거절당했을 때 침착하게 다음 과정을 대비하는 영업자, 즉 판매자가 의외로 많지 않다.

다음은 거절과 관련한 몇 가지 중요한 법칙들을 나열한 것이다. 누군가에게 거절당했을 때 이 리스트를 참고하면 많은 도움이 될 것이다.

(1) 지금 상대가 거절했다고 해서 끝까지 거절한다는 의미는 아니다.

(2) 거절당하는 걸 두려워하지 마라. 때로는 그것이 당신을 향한 상대의 인정과 긍정의 표현일 수 있다.

(3) 거절은 거절하는 사람의 성격과 연관 있다. 당신이라는 존재를 거절하는 게 아니다.

(4) 좌절하기보다는 질문하라. "왜?"라는 질문 하나가 상황을 역전시킬 수 있다.

(5) 거절당했을 때는 그대로 포기하지 말고 완전히 다른 방식으로 상대에게 다가가 보자.

(6) 거절을 동력으로 삼아보자. 사실대로 말할 수 있는 용기가 생길 것이다.

(7) 거절당했을 때는 당신의 전략을 수정하라. 보다 나은, 실용적인 방법으로 당신의 생각을 전달해보자. 당신의 수준이 올라가면 상대도 거절하기 힘들다.

(8) 거절은 때로 당신의 아이디어가 매우 혁신적이고 비범하다는 뜻이기도 하다.

다시 말하지만 거절당하는 것을 너무 두려워하지 마라. 두려움 없는 마음가짐이 당신과 타인의 관계를 넓혀주고, 또 한 번의 기회를 가져다줄 것이다.

부드러움 속에 강인함을 담아야 한다

틀에 박힌 말이나 인사치레는 상대에게 시간을 허비하고 있다는 생각이 들게 해 대화를 나누기 어렵게 만든다.

비즈니스 자리에서 협상을 진행할 때는 본론만 정확하게, 요점을 전달하는 것이 좋다. 그런데 본론으로 들어가지 않고 굳이 하지 않아도 될 말을 덧붙이는 사람이 많다. "사실 원래는….", "어쩌면 우리도…."와 같은 모호한 말들은 신뢰를 떨어뜨리고 대화의 흐름을 막아 의견을 정확하게 어필할 기회를 날려버린다.

우리 머릿속에는 이미 수천, 수만 개의 어휘와 단어들이 저장되어 있기 때문에 상황에 따라 적절한 표현을 꺼내서 사용하기만 하면 된다. 그런데 특정 상황에서 틀에 박힌 인사치레를 지나치게 많이 하면 상대는 시간을 낭비하고 있다는 생각을 하게 된다. 마음이 불편해진 상대는 당신에게 반감을 느낄 수도 있다. 이렇게 되면 편안하게 대화를 나누기 어렵다. 따라서 상황에 맞는 적절한 표현을 써야 하며, 의미 없는 단어와 표현을 사용하지 않도록 주의해야 한다. 그래야만 대화의 주도권을 놓치지 않을 수 있다.

필요 없는 어휘나 단어를 '떼어버리는' 작업은 그리 어렵지 않다. 다음의 몇 가지 법칙만 숙지하면 당신도 핵심만 간단히 표현할 수 있다.

1. '그리고'가 아닌 '그러나'

고객에게 어떤 생각을 전달할 때 상대가 당신 의견에 찬성하는 입장이라면 대화는 순조롭게 진행되지만, 현실에서 그런 경우는 많지 않다. 그럴 때는 정확하게 당신이 상대의 의견에 동의하지 않는다는 걸 전달해야 한다. "그건 정말 좋은 생각이네요. 하지만 우리는 반드시…."라고 하면 상대가 오해하거나 잘못 생각할 가능성이 매우 낮아진다. 이런 상황에서는 상대를 전체적으로 부정하는 말은 절대 하지 않아야 한다. 먼저 상대가 한 말을 칭찬하거나 인정해주면서 "방금 말씀하신 제안은 너무 좋은 생각이네요. 조금만 더 다듬으면 훨씬 괜찮을 것 같아요."라고 구체적인 방안을 제시해야 한다.

2. '솔직히'라는 말을 하지 않기

비즈니스 협상을 하다 보면 여러 의견을 주고받으면서 토론하게 된다. 그런데 회의에서 자꾸만 "솔직히 말하면 저는…."이라고 말을 시작하면 다른 사람 눈에는 당신이 자기 진심을 지나치게 강조하려는 것처럼 보인다. 이럴 때는 그냥 "제 생각은…."이라고 담백하게 말하는 것이 좋다.

3. '그냥', '겨우'라는 말을 하지 않기

"이건 그냥 제 생각인데요….", "작은 의견에 불과하지만…."이라는 말을 자주 쓰는 사람은 자신감이 부족하다는 인상을 준다. 본인의 생각을 비하하고 지나치게 낮추는 듯한 느낌을 주기 때문에 도움이 되지 않는다. 이럴 때는 당신의 생각을 먼저 얘기한 다음 "이상, 제 생각이었습니다."라고 마무리 짓도록 하자.

4. '틀리다'는 말을 함부로 사용하지 않기

동료가 부주의해서 고객에게 제출하는 프로젝트 설계도를 망치고 사과하고 있는 모습을 목격했다고 하자. 그렇다고 해도 고객 앞에서 동료의 잘못을 질책해서는 안 된다. "이건 네가 잘못한(틀린) 거야. 반드시 책임져야 해."라고 말하면 상대는 영원히 당신을 증오할 것이다. 이런 말은 동료와의 관계에도 영향을 줄 뿐 아니라 아무런 문제도 해결하지 못한다. 이럴 때는 완곡하게 돌려서 표현할 줄 알아야 한다. 그저 사실에 근거해서 "이번에 잘 책임지고 해결하면 괜찮을 거야!"라고 현상만 얘기하면 된다.

5. '원래는'이라는 말을 하지 않기

어떤 일에 관해 당신과 상대가 서로 다른 의견을 주장하고 있는 상황에서 하지 말아야 할 말이 있다. "원래 제 생각은 그게 아닌데…."라는 말은 입장을 명확히 대변해주지도 못할 뿐 아니라 주도권을 빼앗는다. 이럴 때는 그냥 "제 생각은 조금 다릅니다."라고 직접 말하면 된다.

6. '몇 시쯤'이 아니라 '몇 시 몇 분'

비즈니스 파트너와의 전화 통화에서 "제가 주말에 다시 전화드릴게요."라고 말한다면 상대는 십중팔구 당신이 의사 결정을 미루고 싶어 한다고 생각하며, 당신을 나태하고 신뢰하지 못할 사람이라고 평가한다. 비즈니스 파트너와 통화를 할 때는 "안녕하세요. 내일 오전 열 시 정각에 다시 전화드리겠습니다."라고 정확한 시간을 말해주어야 한다.

공적인 자리에서 주목받는 법

사람들 앞에서 말을 잘하는 사람이 되고 싶은가? 그것은 하루아침에 이뤄지지 않는다. 대중 앞에서 빛나는 사람이 되고 싶다면 당신의 말하기에 약간의 기술을 더해야 한다. 사람들 앞에서도 당황하지 않고 내 생각을 멋지게 말하는 법을 배워보자.

회의에서는
자신감 있게 말해라

중요한 업무는 종종 팀별 토론이나 회의, 포럼의 쉬는 시간 비공식적인 대화를 통해 완성된다.

회의는 직장생활에서 매우 중요한 부분이다. 한 조사 결과에 따르면 직장인 60%는 평균 하루에 한 번 이상 회의에 참여하는 것으로 나타났다. 그런데 문제는 우리가 집중해야 하는 것이 회의 시간뿐이 아니라는 것이다. 중요한 업무는 회의가 아니라 팀별 토론이나 회의, 포럼의 쉬는 시간에 이루어지는 비공식적인 대화를 통해 완성되는 경우가 종종 있기 때문이다.

게다가 '회의'라는 시간 자체가 부담스러운 것은 사실이다. 그래서 크고 작은 회의를 그렇게 자주 했으면서도 여전히 말실수를 할까 봐 걱정하고 긴장한다. 실제로 머릿속에 넣어놓은 내용을 까맣게 잊어버리고 횡설수설할 때도 있다. 더 심한 사람은 결정을 내려야 할 때 우왕좌왕해서 회의 참석자들에게 어리석고 우둔한 이미지를 남기기도 한다.

말을 하다 보면 누구나 실수할 수 있고 때로는 잘못된 결정을 할 수도 있다. 말을 더듬고 생각했던 것만큼 잘 발표하지 못했더라도 걱정하지 마라. 연습하면 얼마든지 자신감 넘치는 멋진 모습을 보여줄 수 있다.

회의에 들어가기 전이나 회의가 진행되고 있을 때 어떻게 해야 좋은 인상을 심어줄 수 있을지 다음 내용을 읽어보자.

(1) 상사가 발언할 때는 적절한 리액션이 필요하다. 적극적으로 눈빛을 교환하거나 몸을 조금 앞으로 기울이거나 고개를 끄덕이는 등의 긍정적인 제스처를 취하도록 하라. 고개를 끄덕일 때는 "네.", "맞습니다." 등의 추임새도 함께 넣으면 효과가 더 크다. 태도는 가장 숨기기 어려운 언어이므로 항상 주의를 기울여야 한다.

(2) 사람들의 다양한 의견을 들을 수 있다는 것은 회의의 좋은 점 중 하나다. 당신이 어떤 방식으로, 어떤 말투를 말할 때 사

람들이 더 좋아하고 귀를 기울이는지 관찰하고, 사람들이 당신의 말에 더 집중하게 만들 방법을 찾아보라.

(3) 청중의 반응에 주목하라. 발언을 하면서도 당신이 담당한 업무와 직접적으로 연관이 있는 직원들을 특히 집중적으로 관찰하라. 당신과 그들 사이의 관심사를 한데 연결하면 상상 이상의 효과를 낼 수 있을 것이다.

(4) 누군가의 기억에 긍정적인 인상을 남기고 싶다면 그의 말을 전심으로 경청한 뒤 그 주제와 관련한 질문을 던져보라. 사람들은 자신의 발언에 집중하는 사람을 좋아한다.

(5) 행사장은 실수를 저지르기 쉬운 공개적인 장소다. 청중 앞에서 말실수를 하고 당황해하면, 당신의 그 반응 때문에 사람들이 당신의 말실수에 더 주목하게 된다. 반대로 "제가 말실수를 한 것 같은데, 알아도 모르는 척 부탁드립니다. 앞으로는 이런 일이 없을 거예요."라고 아무렇지 않은 듯 여유롭게 넘겨야 사람들이 당신의 실수에 집중하는 것을 막을 수 있다. 혹은 "그 질문은 제가 잠깐 생각 좀 해 봐야겠네요. 이 발표가 끝난 뒤 답변을 드려도 될까요?"라는 식으로 대처해도 좋다. 솔직하면

서도 신중한 당신의 태도가 사람들에게 신뢰를 줄 것이다.

(6) '집단 지성'이 필요한 경우라면 침묵은 금물이다. 입을 닫고 있다가는 아무 생각 없는 사람이라는 오해를 살 수 있다. 특히 직장에 막 들어온 신입사원이라면 좀 더 적극적으로 자신의 의견을 피력하는 것이 좋다. 아무리 유치하고 허점투성이인 의견이라도 사람들이 당신의 의견에 대해 다양한 의견을 줄 것이며. 이는 당신이 성장할 수 있는 계기가 될 것이다.

회의에서는 말할 줄 모르는 사람이 손해를 본다

회의실은 경마장이다. 사람들이 모두 지켜보는 가운데 모든 참가자는 동일한 출발선에 서서 자신을 드러낼 기회를 공평하게 부여받는다.

직장에서 일하다 보면 회의는 누구나 참여해야 하는 행사다. 회의실은 경마장과 같다. 사람들이 모두 지켜보는 가운데 모든 참가자는 동일한 출발선에 서서 자신을 드러낼 기회를 공평하게 부여받는다.

하지만 모든 사람이 이 기회를 빌려 성공적으로 이미지 메이킹을 하는 건 아니다. 친구 앞에서는 청산유수처럼 말을 잘하는 사람이 회의에서는 말을 더듬기도 하고, 사적으로 만나면 논리정연하게 업무에 관해 잘 말하는 사람이 회의에서는 뒤죽박죽 장황하게 말을 늘어놓기도 한다. 평소에는 유머를 잘 구사해 사람들을 즐겁게 해주는 사람이 회의 석상에서는 돌부처처럼 딱딱하게 굳어버리기도 한다. 어떻게 하면 이 공식적인 자리에서 두각을 드러낼 수 있을까? 다음의 몇 가지 규칙만 숙지해도 손해 보는 일은 줄어든다.

1. 아이디어를 다른 사람에게 발설하지 마라

회의가 공식적으로 시작하기 전에는 자기를 잘 통제해야 한다. 어떤 문제에 관한 생각이나 방안들을 함부로 얘기하지 않도록 주의하자. 당신이 공들여 고안한 아이디어나 솔루션을 누가 채갈지 아무도 장담할 수 없다. 또 상황에 따라 이리 붙었다 저리 붙었다 하는 기회주의자가 주변에 있을 수 있다. 정당한 방식은 아니지만, 그들은 뻔뻔하게 공개적인 장소에서 마치 다른 사람들의 생각을 자신의 생각인 양 얘기한다. 공개적인 장소에서 그 사람 입을 통해 그 아이디어가 흘러나오면 그건 평생 그 사람 것이 된다. 그러니 중요한 순간이 오기 전까지는 절대 당신의 아이디어를 다른 사람에게 발설하지 않도록 주의하라.

2. 회의 전후에 불평불만을 쏟아내지 마라

회의에 관한 계획이나 시간에 불만을 가진 사람들은 엄청 많다. 하지만 그걸 입 밖으로 표현하는 건 아무런 도움이 되지 않는다. 불평하는 모습이 다른 사람들의 눈에 들어가면 그들은 당신을 부정적인 사람으로 인식한다. 도저히 입 밖으로 내지 않고는 못 참겠다면 해당 회의의 핵심 멤버들이 모두 자리를 떠난 뒤에 내뱉어라. 최소한 회의가 시작되기 전에는 불평불만을 쏟아내지 않아야 한다.

3. 냉정함을 유지하라

회의에서는 어떤 방식으로 표현하고 말하느냐가 제일 중요하다. 다른 사람이 발언할 때 반박하고 싶은 마음이 들어도 겉으로는 냉정함을 유지하도록 하라.

4. 누구와 대화하느냐가 중요하다

통상적인 회의라면 회의 전후로는 상대적으로 긴장도도 낮고 분위기도 부드럽다. 이럴 때가 바로 평소에 잘 만나지 못했던 상사나 동료와 대화를 나눌 좋은 기회다. 그러니 이 시간에는 평소에 친하고 잘 아는 사람과의 수다는 되도록 피하자.

회의 전후에도
계속 소통하라

회의가 시작되기 전이나 혹은 회의가 끝난 뒤에 나누는 대화에도 요령이 필요하다.

회의 전후에 나누는 대화는 별것 아닌 잡담 같지만 유용한 정보가 들어있을 때도 많다. 딱히 쓸모 있는 정보가 없더라도 다른 직원들과 친해질 기회이기 때문에 이때는 간단하면서도 너무 심각하지 않은 주제들로 이야기를 풀어나가는 것이 좋다. 예를 들면 다음과 같다.

(1) 최근에 있었던 신기한 일

(2) 베스트셀러 도서

(3) 최신 개봉 영화

(4) 예술품

(5) 재미있는 예능 프로그램

(6) 논쟁의 여지가 없는 최근 뉴스

(7) 최신 소프트웨어의 장단점

(8) 우주여행

(9) 유행하는 운동

(10) 날씨나 환경

이런 주제들이 다른 사람에게 미치는 영향을 과소평가하지 마라. 감정지수가 높은 사람은 자기의 기분과 정서를 잘 절제하며 다른 사람의 감정까지 잘 돌본다. 그들은 다른 사람의 생각을 이해하는 데 매우 능하며 특히 상사의 마음을 잘 헤아린다.

언제 대화가 갑자기 깊어지거나 중단될지 모르기 때문에 비교적 호흡이 긴 주제들, 예를 들면 휴가 계획이나 최근 관심 있는 취미 활동 등에 관한 이야기는 하지 않는 게 좋다.

어떤 말이든 다 할 수 있는 것은 아니다. 회의 전이나 후에 나누면 안 되는 일부 난처한 주제들도 있게 마련이다. 심지어 다른 사람들을 모두 불편하게 만드는 화제도 있다. 다음 몇 가지는 다루지 않도록 주의하자.

(1) 업무 혹은 업무 환경에 대한 불만

(2) 임금 인상이나 승진에 관한 문제

(3) 다른 사람의 외모나 행동, 업무에 관한 평가

(4) 업무 기밀

(5) 동료와의 갈등

(6) 동료나 상사에 대한 비난

(7) 질병

(8) 호흡이 긴 스토리

(9) 저급한 유머

(10) 정치 문제

(11) 종교

(12) 회사 임금 체계

회의 중에는 말투에 신경 쓰라

많은 경우, 말은 내용보다 말투와 타이밍이 더 중요하며 회의는 전쟁이 아니다. 남의 말은 잘 들어야 하고, 내가 말을 할 때는 지혜롭게 해야 한다.

회의는 직장생활의 중요한 일부분이다. 그런데 회의 분위기를 망치는 사람이 한 번씩 나타난다. 이들을 '킬러'라고 하자. 킬러들은 발언 중인 사람뿐만 아니라 회의에 참석한 사람 모두의 입장이나 기분은 생각하지 않은 채 큰 소리로 맥을 끊고 무례한 말을 쏟아낸다. 발표자를 막다른 길로 몰아가거나 힘들게 하며 회의 방향을 자신이 주도하려고 한다. 습관적으로 발언자의 말을 자르며 반대 의견을 표명한다.

회사에 이런 사람이 있다면 회의 며칠 전에 먼저 대화를 나눠보는 것이 좋다. “잭, 이번 회의에서 어떤 말을 할지 궁금하네요. 존도 이번엔 뭔가를 준비한다고 들었어요.” 당신의 이런 암시가 그 사람에게 영향을 줄 것이다.

간접적인 방법으로 주의를 주는 것도 좋다. “미아와 한스는 회의를 할 때 말을 잘 안 하던데, 두 사람 의견도 한번 들어보고 싶네요.”, “회의 참석자들 모두 돌아가면서 1분씩 발표하는 건 어때요? 그렇게 하면 다양한 의견을 들어볼 수 있을 것 같아요.”

만일 당신이 회의를 진행하는 사람이라면 회의를 시작할 때 ‘회의 킬러’들의 행동을 막기 위해 “반대 의견을 제시할 때는 반드시 그에 대한 대안도 같이 제시해야 한다.”라는 규칙을 제시해도 좋고, 점심시간에 같이 식사를 하면서 불만 사항을 들어보고 미리 의견 일치를 볼 수도 있다. 자꾸만 남의 말을 중단하고 끼어드는 사람이 있다면 가장 좋은 방법은 그 사람과 따로 만나 이야기를 들어주는 것이다.

회의를 하고 회의 중에 발언을 하는 것은 누군가를 난처하게 만들거나 힘들게 해서 승리를 얻어내기 위함이 아니다. 회의는 전쟁이 아니라는 사실을 기억하라.

말할 때 약간의 '조미료'를 첨가하라

말에 약간의 조미료를 첨가하면 사람들은 당신의 말에 흥미를 느끼고, 당신의 새로운 모습을 발견하게 되어 전하고자 하는 내용에도 좀 더 설득력이 생긴다.

사람에게 '육즙 터진다'라는 표현을 쓰는 나라가 있다. 사람을 끌어들이는 매력적인 사람, 말을 재미있게 잘하는 사람을 비유하는 말로, 말을 재미없게 하면 입안이 건조하고, 말을 재미있게 하면 입안이 촉촉하다는 뜻이다.

누군가 자기 직업을 말하면서 "심장외과 의사입니다."라고 답하면 '건조'한 느낌이 든다. 금방 알아들을 수는 있지만 특색이 없어 기억에 잘 남지 않을 수도 있다. 그렇다면 "저는 사람들 몸을 자주 열어봅니다. 그리고 그 사람들이 조금 더 살 수 있도록 도와주는 일을 합니다."라는 소개는 어떨까?

'육즙'이라는 의미에서만 보면 이런 표현은 칭찬할 만하다. 전자보다 훨씬 쉽고 분명하게 자신의 존재를 각인시킬 수 있다. 하지만 이런 대답도 때와 장소를 가려서 해야 한다. 엄숙한 자리에서는 삼가는 것이 좋다.

그렇지만 어쨌든 말을 재미있게 한다는 것은 아주 유용한 능력이다. 특히 직업 때문에 어쩔 수 없이 가끔 사람들 앞에서 강연이나 연설을 해야 하는데 재미가 없다는 소리를 듣는 사람들에게는 정말 절실한 능력일 것이다. 강연을 하는데 청중들이 졸고 휴대전화를 보고 딴짓을 한다면 말에 '조미료'를 첨가하는 것도 방법이다. 틀에 박힌 방식으로 강연을 하면 반응도 틀에 박힌 방식일 수밖에 없지만 조금 더 재미있게 말을 하면 반응도 좀 더 재미있어진다.

말을 '요리'할 때는 다음의 몇 가지를 주의하자.

(1) 원고만 붙들고 딱딱하게 읽어 내려가는 연설은 재미없다. 사람들을 쳐다보면서 충분히 눈빛을 교환하고 적절한 제스처를 더해주도록 하라. 유능한 연설가처럼 표정을 다양하게 사용하고 목소리의 높낮이, 빠르기를 조절하면 훨씬 더 편안하면서 흥미롭게 들릴 것이다.

(2) 무대에서 더 자연스럽게 행동하고 싶다면 청중과 함께 호흡하며 그들에게 반응할 수 있어야 한다. 청중을 최대한 즐겁게 해주려고 노력하고 그들이 당신의 이야기를 더 듣고 싶어 하도록 만들어야 한다.

(3) 강력한 도입이 필요하다. 첫 1분이 연설의 전체적인 분위기를 좌우한다. 청중과의 거리를 좁히기 위해서는 신기하고도 재미있는 이야기, 개인적인 경험을 활용하는 것이 좋다.

(4) 연습하고 연습하고 또 연습해야 한다. 무수한 연습이야말로 성공의 핵심이다. 거울을 보고 반복해서 녹음하고 수정해야 내용도 풍성해진다. 매력 있는 강연을 위해 연습하고 또 연습하라.

결론적으로 성공적인 연설을 하려면 말 한마디, 손짓 하나, 걸음 하나까지 모두 섬세하게 설계해야 한다. 그럴 때 사람들은 당신의 새로운 모습을 발견하게 되며 당신이 전하고자 하는 내용에도 좀 더 설득력이 생길 것이다.

열정 있는 사람의 말에는 생기가 넘친다

말에 열정을 더하라. 연설자는 그 안에서 행복을 느낄 수 있다.

좋은 연설, 성공적인 연설에 결정적인 역할을 하는 것은 바로 연설자의 열정이다. 소크라테스와 프랑스혁명의 지도자 로베스피에르, 종교개혁가 마틴 루터와 미국 버락 오바마 전 대통령의 연설은 아름답고 훌륭했으며, 그중 일부는 역사를 완전히 바꾸기도 했다. 마음속에 숨어있던 연설자의 뜨거운 열정이 사람들을 감화시킨 것이다.

사실 열정은 별한 몇몇 사람이 아니라 모든 사람의 마음에 있다. 다만 그것이 밖으로 나올 기회가 잘 없을 뿐이다. 물론 이런 열정이 남들 앞에서 드러나는 걸 원하지 않는 사람도 있지만, 누구나 원하면 열정을 튀어나오게 할 수 있다. 다시 말해 계기만 있다면 당신도 당신의 마음속 열정으로 얼마든지 청중을 사로잡을 수 있다는 뜻이다.

그렇다면 어떻게 해야 내 안의 열정을 끌어내 사람들을 사로잡는 연설을 할 수 있을까?

(1) 연설 전에 청중의 수요가 무엇인지 먼저 파악하고 어떻게 하면 당신 안의 열정을 자극해 조금 더 호소력 있는 연설을 할 수 있을지 연구하라. 시뮬레이션을 해봐도 좋다. 이것이 성공적인 연설의 핵심이다.

(2) 시작이 달라야 한다. 정확히 말하자면 연설을 시작할 때 청중의 주의력을 한 번에 사로잡을 수 있어야 한다. 재미있는 스토리나 외국의 역사 등 비교적 영향력 있는 사건으로 시작하자. 혹은 어떤 물건을 보여주면서 이것이 무엇인지 맞혀보라고 한다거나 간단한 마술을 시연해서 호기심을 자극하는 것도 좋은 방법이다.

(3) 연설의 제목이 매력적이어야 한다. 그래야 청중의 이목을

집중시키기 편하다. 매력적인 제목을 짓는 방법은 간단하다. 연설 제목과 내용이 서로 부합해야 하며 당신의 열정이 충분히 느껴질 수 있어야 한다.

(4) 진심이 느껴져야 한다. 감정과 생각이 구체적으로 표현될수록 좋다. 생동감 있는 묘사로 당신의 마음과 열정을 최대한 표현하면 듣는 사람도 감동한다.

(5) 무대에 오를 때 청중이 당신의 이야기를 듣고자 하는 열망을 자극해야 한다. "지금부터 여러분에게 매우 가치 있는 이야기를 하나 들려드릴 겁니다."라는 식으로 열정을 가지고 말해야 한다. 그러면 청중 역시 자연스럽게 그 열정에 매료될 것이다.

(6) 결말의 중요성은 강조하지 않아도 알 것이다. 훌륭한 연설의 결말은 도입부만큼이나 중요하다. 사람들의 생각을 자극하면서도 마음에 울림을 줄 수 있어야 한다.

사람들 앞에서 얘기하는 게 그렇게 어렵지 않은 일이라는 걸 깨닫는 순간, 마음이 한결 가벼워지고 긍정적인 생각이 차오를 것이다. 이로써 당신의 열정이 깨어나 거기에 온 생각과 마음을 집중할 수 있을 것이다. 이런 마음가짐이 청중을 즐거움으로 이끌고 당신의 연설은 성공을 향해 나아갈 것이다.

결말이 좋으면 기억에 오래 남는다

진심으로 청중을 존중한다면 연설 내용을 알차게 구성해보라. 그러면 청중 역시 당신의 연설을 더 깊이 기억할 것이며, 그 내용대로 살아가고자 노력할 것이다.

훌륭한 강연은 한 편의 멋진 영화나 책, 감명 깊은 노래와도 같다. 청중의 호기심을 자극하고 시선을 집중시키며 시작해 흥미진진한 내용으로 전개되다가 감동적인 결론으로 끝나기 때문이다. 모든 과정이 중요하지만, 특히 결말이 감동적이면 사람들은 그 강연을 오랫동안 기억한다.

다음은 아름답게 끝을 맺는 몇 가지 방법이다. 연설이나 강연을 해야 할 일이 있을 때 다음의 내용을 적용해보라.

(1) 감동을 주면서 끝내고 싶다면 특히 결론에 사용할 단어와 문장을 신중하게 고르도록 하라. 그래야만 청중의 머리에 깊이 각인된다.

(2) 마지막에 어떤 말을 하든 연설이 끝난 뒤에 청중이 행해야 할 일을 설명해주는 것이 중요하다. 결론에 가까워졌을 때는 억양에 주의하면서 강조하고 싶은 부분에 악센트를 주도록 하라.

(3) 사람들은 자신이 들은 이야기를 자기 나름대로 다시 정리하고 결론을 맺는 걸 좋아한다. 그러므로 마지막에 가까워졌을 때는 "이제 이야기를 마무리하려고 합니다. 정리해볼게요." 라고 말하면서 몇 개의 키워드로 정리하고 그것을 청중의 삶과 연결해 마무리 지어주도록 하라.

(4) 즐겁고 기쁜 분위기로 결론을 맺고 싶다면 유머를 사용하라. 물론 이때도 자연스러우면서 진실한 언어를 사용해야 한다. 작위적이고 억지스러운 표현이나 유머는 오히려 사람들의 반감을 산다.

(5) 간단하면서도 의미 있는 스토리를 활용하면 연설이 끝난 뒤

에도 그 의미를 곱씹어보기에 좋다. 그 속에 숨은 의미를 청중이 추측하고 파헤치도록 하는 것은 별로 좋지 않다. 확실하게 뜻을 전달하라.

(6) 교훈이 있어야 한다. 시사점이나 교훈이 있는 말로 결론을 지으면서 용기를 주는 시 한 편이나 명언으로 힘을 더해주면 청중들이 오늘 들은 연설의 좋은 내용을 행동으로 옮기는 데 도움이 된다.

(7) 연설이 끝났어도 바로 자리를 뜨지 마라. 원고를 정리하거나 겉옷을 챙기고 마이크를 정리한다거나 하는 행동은 청중이 다 떠난 뒤에 해도 늦지 않다.

물론 연설을 훌륭하게 마무리하는 방법은 이보다 훨씬 많다. 시간과 장소, 청중의 변화에 따라 얼마든지 방법은 달라질 수 있다. 어떤 방법을 사용할지는 연설자가 결정하는 것이다. 그렇지만 적절하지 않은 방법은 오히려 역효과를 불러올 수 있다는 사실을 기억하자.

가족, 친구들과 마음 터놓고 대화하는 법

가까운 사람과의 대화일수록 조심해야 할 것들이 많다. 소중한 사람들과 대화할 때 주의해야 할 점은 무엇인지 알아보고, 이를 이용해 마음과 마음이 이어지는 대화를 나눠보자. 사랑하는 가족, 친구들과의 진솔한 대화를 통해 마음의 안식을 얻을 수 있을 것이다.

가족들과 다정하게 대화하자

가족에게 함부로 말하는 사람이 있다. 가족을 대할 때도 고객과 상사, 잠재 고객을 대할 때처럼 정성을 다해야 한다. 가족이 그 사람들보다 더 소중하다.

같은 상황인데도 잘 모르는 사람들에게는 예의 바르게 행동하면서 가족들에게는 무례하게 행동한다. 같은 말인데도 모르는 사람에게 들으면 아무렇지 않게 행동하면서 유독 가족들에게는 크게 화를 낸다. 우리에게 가장 많은 사랑과 관심을 쏟는 가족들 앞에서 우리는 가장 모질고 험한 말을 많이 한다.

우리 주변에는 가족과 대화를 잘 나눌 줄 모르는 사람들이 너무 많다. 이 단순하고 간단한 일을 누가 못 하느냐고 묻지만, 가족과 대화를 '잘' 나누는 것도 일종의 능력이자 습관이다.

성격이 차분하고 말을 예쁘게 하는 여성이 있었다. 무슨 문제가 생기면 다들 우왕좌왕하면서 어찌할 줄 몰라 걱정하거나 화를 냈지만, 그녀만큼은 언제나 온화하게 평정심을 유지했다.

그런데 우연히 그녀가 가족과 전화 통화하는 소리를 들은 동료들은 너무 놀랐다. 온갖 욕설과 비속어가 난무했다. 그녀는 완전히 다른 사람이었다.

전화를 끊은 그녀는 다시 안정적이고 평온한 모습으로 돌아왔다. 동료들은 거짓말처럼 변하는 그녀의 모습에 혀를 내둘렀고, 어떤 것이 그녀의 진짜 모습인지 혼란에 빠졌다.

요즘 많은 가정이 가족 간의 대화 부족으로 어려움을 겪고 있다. 오랜만에 만난 학교 동창이나 친구와 함께 있을 때는 물 만난 고기처럼 즐겁게 수다를 떨다가도, 이상하게 집에만 들어가면 말이 없어진다. 할 말도 없거니와 대화를 나눠도 재미가 없기 때문이다.

예화에 등장한 여성처럼 동료를 대할 때는 예의 바르고 매너 있게 행동하면서 집에만 들어서면 미소와 따뜻한 입술을 거둬들이는 사람들이 많다. 집에서의 모습이야말로 그들의 진짜 모습일 것이다. 다만 사람들이 많은 곳에서는 우아하고 온화한 가면을 쓰고 사는 것이 습관이 된 것뿐이다. 시간이 지날수록 사람들은 밖에서 보이는 그 모습이 그 사람의 진짜라고 생각하지만, 모두 리얼한 그의 연기에 속고 있는 것이나 다름없다.

우리는 누군가에게 보이기 위한 표정과 언어를 사용한다. 그래서 퇴근 후 집에 돌아와 가족들을 대할 때보다 밖에서의 모습이 훨씬 더 친절하고 다정하다.

세상에 단 하나뿐인 사랑하는 가족들에게는 왜 다정하게 말하지 않는 걸까? 그건 가족들의 사랑과 포용을 너무 당연하게 여긴 나머지 그것을 잘 인식하지 못하기 때문이다. 가족은 본능적으로 우리를 사랑하기 때문에 무슨 잘못을 하든 감싸주고 안아준다. 내가 아무리 형편없는 사람일지라도 조건 없이 사랑한다.

지금부터 생각을 바꾸자. 가족을 조금 더 소중히 여기고 그들에게 따뜻하고 다정하게 말하도록 하자. 아주 사소하고 작은 칭찬이라도 상관없다. 머리를 쓰다듬어 주거나 어깨를 두드리는 것으로 응원과 지지의 뜻을 전해보자. 폭력적이고 거친 말과 행동은 자제하고 가족을 비난하고 불평하는 언어적 학대도 당장 끊어버리도록 하자. 가장 다정하고 따뜻하게 말을 해야 하는 관계는 다름 아닌 가족이다.

눈을 마주치며 마음으로 대화하라

아무리 가까운 사이라도 대화는 필요하다. 상대가 본인의 얘기를 많이 하도록 독려하라. 서로의 관계를 좋아지게 만드는 방법이다.

데일 카네기는 《인간관계론》에서 "그들이 자기 얘기를 하도록 독려하라. 그들이 당신을 좋아하게 만드는 방법이다."라고 말했다. 사람들은 자신에 대해 이야기하고 싶어 하고, 자기 이야기를 편하게 할 수 있는 사람과 가까워지고 싶어 한다. 당신이 진심으로 이야기를 듣고 싶어 한다는 느낌을 주면 상대는 매우 흡족해할 것이고, 자신이 존중받고 있다는 생각에 더 많은 이야기를 들려줄 것이다.

그렇다면 가족이나 아주 절친한 친구들이 자기 이야기를 하게 하려면 어떻게 해야 할까? 먼저 근황에 관한 이야기로 시작하되 형사처럼 심문하지 않도록 주의하라. "요즘 어때?", "요즘 뭐 하고 지내?"처럼 가벼운 질문으로 대화를 시작한 뒤, 상대가 하는 말에 귀를 기울여보자.

만일 상대가 "뭐, 별거 없어.", "그냥 그래."라고 말한다면 조금 더 '잘게 잘라서' 질문해보자. "요즘 시험 준비는 잘 돼가?", "중고차 살 계획이라고 하지 않았어?"

가족이나 친구들과 대화를 나눌 때도 나의 근황에 대해 길게 설명하는 것은 좋지 않다. 상대 중심으로, 상대 생각을 따라 이야기를 나누고 그들의 만족감, 편안함, 걱정, 우울감, 불편함 등의 감정에 신경을 쓰자. 당신의 눈과 마음에 그들의 근황을 담아두고 그들의 이야기에 적절하게 반응하자. 혹시 상대가 요즘 좀 힘든 상황이라고 하면 고개를 끄덕이며 최대한 집중해서 잘 들어주고, 좋은 일이 있다면 진심으로 기뻐하고 축하해주자.

공감으로 마음의 거리를 좁힐 수 있다

힘든 일이 생겼을 때 가장 응원을 받고 싶고, 지지를 보내야 할 사람이 가족이다. 가족 관계를 더 끈끈하게 만들어주는 것은 '공감'이다.

우리는 매일 크고 작은 일을 겪으며 살아간다. 그리고 다른 사람과 그런 일상을 나누면서 친밀한 관계를 맺고, 관계를 발전시켜 나간다. 내가 나의 일상을 누군가에게 말을 하면 그 사람 역시 자신의 일상을 나와 공유하고 싶어 할 가능성이 높기 때문이다.

다만 아무리 친밀한 관계라고 해도 조심해야 할 것이 있다. 내가 그 사람에 대해 다 알고 있다는 착각이다. 누군가와 많은 시간을 보내고 시시콜콜한 이야기까지 한다고 해도 그 사람에 대해 다 알 수는 없다. 같이 사는 사람 즉 가족이라고 해도 마찬가지다.

우리가 누군가와 같이 시간을 보내고 대화를 할 때 가장 집중해야 할 것은 상대의 감정이다. 어떤 의미에서 보면 소통이란 타인과 감정을 공유하는 것이다. 그런데 내 감정에만 집중하고 상대의 감정에 소홀하면 아무리 가족이라도 미워하고 원망하는 마음이 쌓일 수 있다.

다른 사람 눈에 소희는 화목한 가정을 이룬 행복한 여성이다. 하지만 그녀의 실제 삶은 그렇지 않았다.

소희는 시어머니와의 갈등이 매우 깊었다. 그녀는 시부모님을 떠올리면 불안함이 밀려왔다. 그래서 평생 시어머니 집에는 가지 않겠다고 다짐했다. 아들을 낳고 난 뒤로 시부모님이 손주를 보러 오겠다고 해도 완강하게 거부했다.

이 일로 그녀는 남편과 다툼이 잦았다. 심지어 한두 달 동안 서로 말하지 않고 지낸 적도 있었다. 매번 먼저 사과를 하는 것은 남편이었다. 그리고 언젠가부터 두 사람은 함께 있을 때 시부모님 이야기를 꺼내지 않게 되었다. 시부모님 말을 꺼내면 결국 싸움이 일어나고 이혼 이야기 나온다는 것을 경험으로 알았기 때문이다.

소희와 남편은 더 이상 싸움은 하지 않았지만 대화도 없어졌다. 이 둘은 점점 거리가 멀어졌고, 소위 말하는 '쇼윈도 부부'가 되고 말았다.

친밀함이란 서로의 깊은 감정을 나누는 것이다. 소통은 상대의 감정을 조종하고 통제하는 것이 아니라 함께 감정을 나누고 마음을 나누는 과정이다. 싸우지 않기 위해 대화를 하지 않으면서 이 부부는 결국 멀어지고 말았다. 대화는 곧 소통인데, 소통이 끊어졌기 때문이다.

대화가 없는 관계는 사실상 끝난 관계다. 바꿔 말하면 관계를 이어가려면 대화를 해야 한다. 예를 들어 당신이 아주 바쁜 엄마라도 얼마든지 자녀와 대화할 수 있다. 시간을 정해두고 아무리 바빠도 그 시간만큼은 자녀와 시간을 보내는 것이다. 아이와 놀아주고 동화책을 읽어주면서 교감하고 아이가 하는 말을 듣다 보면 아이의 얼굴에는 웃음이 만개하고, 아이는 엄마의 사랑을 고스란히 느낄 수 있을 것이다.

감정을 나누라고 해서 모든 감정을 수시로 가족과 공유하라는 뜻은 아니다. 가족 구성원들이 서로가 서로를 전폭적으로 지지하고 있으며, 가족 중 누군가에게 무슨 일이 일어나면 당연히 도와줄 것이라는 믿음을 가지고 있는 것이 더 중요하다. 이런 믿음은 앞에서 말한 일상을 나누고 깊이 공감하며 시간을 함께하는 것에서부터 비롯된다.

평소에는 가족과 소원하다가 큰 사건 사고가 발생한 뒤에야 가족을 찾는 것은 바람직하지 않다. 매일, 조금씩이라도 당신의 생각과 감정을 나누라. 그래야 친밀감이 생기고 관계가 유지된다. 아무리 생각해도 딱히 할 이야기가 없다면 과거에 있었던 일 중에서 대화 소재를 찾아보라. 함께 가지고 있는 추억에 관한 이야기는 다시 한번 유대감을 형성하는 데 큰 도움이 될 것이다.

기억하라. 가족들과도 감정을 공유하며 서로에 대한 이해를 넓혀야 한다. 가족들과 나 한마디, 너 한마디 주고받다 보면 다른 사람들과는 또 다른 느낌의 따뜻함과 사랑이 가슴에 번질 것이다.

대화가 끊어지면 관계도 멀어진다

말하지 않아도 안다는 것은 착각이다. 상냥하게, 애정을 담아 대화하라. 가족은 당신에게 가장 소중한 존재다.

가족들과 같이 있을 때 끊임없이 말하는 사람들이 있다. 마치 머릿속에 화제가 계속 샘솟아 나는 것 같다. 그렇지만 이런 사람들은 많지 않다. 가족하고도 생각과 감정을 공유할 수 있도록 대화 소재를 찾는 노력은 언제나 필요하다.

그렇다면 언제 어떤 이야기를 나누는 것이 좋을까? 식사를 하면서 대화를 나눠보라. 음식을 먹을 때는 마음이 편안해지기 때문에 대화를 나누기에 부담이 없다. 이웃에 관한 일이나 인기 있는 드라마처럼 가벼운 화제로 대화를 이어가 보라. 그래도 할 말이 잘 생각나지 않는다면 다음의 몇 가지 주제를 활용해보는 것도 괜찮다.

(1) 당신이나 가족들이 최근에 산 물건(스마트폰, 스마트워치, 옷 등)

(2) 최근에 시작한 취미 생활(기타, 피아노, 마술 등)

(3) 식물 키우기나 서로의 취미(맛집, 음식, 유머 등)

(4) 공통의 관심사(부동산, 캠핑, 최근 상영 영화 등)

(5) 준비 중인 음식, 가장 좋아하는 메뉴

(6) 당신이나 가족들이 본 스포츠 경기 혹은 드라마

(7) 흥미로운 뉴스나 요즘 날씨

(8) 최근에 집에 일어난 재미있는 일

이래라저래라 지시를 하거나 서로를 깎아내리거나 돈을 얼마를 모았는지 등 심각해질 수 있는 내용이나 남의 사생활, 저급한 유머 등은 적절하지 않다. 가족들이 직장생활에 관한 어려움을 털어놓을 때는 이야기를 중단하지 말고 끝까지 들어주도록 하라. 묵묵히 들어주는 것 자체가 큰 위로가 된다.

다시 한번 강조하지만 가족들에게 상냥하게 대하고 대화를 많이 나누어라. 더 많이 사랑하고 더 인내하고 더 기다려주라. 모든 관계 중에 가족 관계가 가장 소중하다.

좋은 질문으로 상대의 말문을 열어라

좋은 질문이 좋은 대답을 만든다. 질문의 수준을 높여 질문을 많이 하라. 질문이 많아지면 대화가 많아진다.

가족 혹은 친구들의 말에 “그래서 어떻다는 거야?”라고 말하는 쪽인가, 아니면 “그래서 어떻게 하는 게 좋겠어?”라고 말하는 쪽인가?

둘이 무슨 차이가 있느냐고 물을 수 있다. 먼저 “그래서 어떻다는 거야?”는 닫힌 질문이다. 상대가 이 말을 들으면 자기도 모르게 “그냥 그랬다고.”라고 대답하게 되고 대화는 거기서 끝이 난다. “그래서 어떻게 하는 게 좋겠어?”는 열린 질문이다. 이 말을 들은 상대는 그와 관련한 자기의 생각을 연관 지어 말한다. 그래서 둘의 대화는 끊이지 않고 계속된다.

양질의 소통은 상대의 말문을 여는 것으로부터 시작한다. 누군가와 대화를 나눌 때 상대가 계속해서 말을 하게 하려면 "만약에…, …라면 어떨까?"와 같은 열린 질문을 해야 한다. 특히 오래 알고 지낸 친한 친구 사이에는 활용할 수 있는 재미있는 질문들이 많다.

(1) "만약에 내일 1억 원이 생긴다면 뭘 할 거야?"

(2) "다른 사람으로 태어날 수 있다면 누구로 살아보고 싶어?"

(3) "소원 세 가지를 빌 수 있다면 어떤 소원을 빌 거야?"

(4) "어디든 갈 수 있는 비행기 표가 생긴다면 어디로 가고 싶어?"

(5) "과거에 있었던 일을 하나 바꿀 수 있다면 언제로 돌아가고 싶어?"

(6) "미래를 예측할 수 있는 능력이 생긴다면 뭘 가장 알아보고 싶어?"

(7) "살 빠지면 제일 먼저 뭘 하고 싶어?"

질문도 능력이다. 좋은 질문이 좋은 대답을 만든다. 강연이 끝난 뒤 질의응답 시간에 수준 높은 질문을 하면 강연자뿐 아니라 그곳에 있는 청중에게도 좋은 평가를 받는다.

그밖에도 깊은 생각을 하거나 상상력을 자극하는 질문들도 재미있는 대화를 이끌어내는 데 큰 역할을 한다.

(1) “이번 휴가는 어디로 갈 계획이야?”

(2) “부모님께 들었던 말 중에 평생 잊지 못할 말은 뭐야?”

(3) “손금, 타로점, 운명 같은 걸 믿어?”

(4) “클라이밍은 어떻게 시작하게 된 거야?”

(5) “대학 졸업생들에게 조언을 해준다면 무슨 말을 하고 싶어?”

(6) “이 영화를 보면 무슨 생각이 들어?”

(7) “눈 내리는 날엔 뭐 하는 게 제일 좋아?”

(8) “고향에 관해서 가장 기억에 남는 건 뭐야?”

(9) “소믈리에가 된 동기가 뭐야?”

(10) “세상에서 제일 재미없다고 생각하는 일은 뭐야?”

(11) “지금 회사에 들어가게 된 계기가 있어?”

친한 사람일수록
진심을 담아 사과하자

누구나 실수를 한다. 실수했을 때 가장 좋은 것은 사과를 하는 것이다. 진심 어린 사과는 깨어진 관계를 치유해준다.

부모님과 의견이 맞지 않아 다툼이 일어나거나 잘못 뱉은 말 한마디 때문에 친구와 싸움이 일어나 소원해지기도 한다. 살다 보면 유쾌하지 않은 일들이 많이 일어난다. 말싸움이든 감정싸움이든 이를 해결할 가장 좋은 방법은 진심 어린 사과라는 걸 모르는 사람은 없다.

진심 어린 사과는 관계를 더욱 돈독하게 만든다. 특별히 가족 및 친구들과의 관계에서는 친밀한 관계를 형성하는 역할을 한다.

마리와 잭은 커플이다. 하루는 마리가 실수로 잭이 책장 위에 올려놓은 화병을 깨뜨렸다. 그 화병은 이미 세상을 떠난 잭의 친구가 마지막 선물로 주고 간 것이었다.

처음에 마리는 모든 증거를 없애기 위해 그 자리를 깨끗하게 치웠다. 하지만 계속 마음이 불편해서 솔직하게 말하는 게 좋을 것 같다고 생각했다. 어쩌면 진실한 사과가 그의 마음을 녹여줄 수도 있다고 생각했다. 그런데 막상 고백하려니 입이 잘 떨어지지 않았다. 그가 정말 자신을 용서해줄지 확신이 서지 않았다.

그렇게 사흘을 망설인 끝에 그녀는 결국 용기를 내서 잭에게 고백하기로 결심했다. 그녀는 그의 눈을 쳐다보며 용서를 빌었다.

"잭, 정말 미안해요. 내가 실수로 당신이 아끼는 화병을 깨뜨렸어요. 그게 당신에게 얼마나 중요한 물건인지 알아요. 정말 진심으로 미안해요. 아끼던 물건이 사라지면 정말로 속상하죠. 그러니 내가 할 수 있는 최선을 다해 보상해줄게요. 내가 어떻게 하면 될까요? 당신이 화낸다고 해도 충분히 이해해요."

누가 봐도 정말 진심이 담긴 사과다. 자기가 무엇을 잘못했는지, 그것으로 상대에게 어떤 상처를 입혔는지 분명히 알고 사과했다. 그리고 그에 대한 보상을 약속했다. 이러한 사과는 오히려 가치가 올라간다. 그리고 상대와 더 깊은 감정을 공유하게 해준다.

사과는 아주 어려운 일이다. 진심이 담기지 않은 사과를 해서 상대를 화나게 한 적이 있는 사람이라면 더더욱 어렵게 느낄 수 있다. "너를 화나게 해서 미안해."라는 사과는 화를 내는 상대를 지적하는 말이 담겨있기 때문에 진심이 느껴지지 않는다. "내가 뭘 잘못했는지 말해줄래?", "내가 잘못했다고 했는데도 왜 계속 화내는 거야?"라는 말에는 억울하다는 뉘앙스가 담겨있기 때문에 감정을 더 악화시킨다. "그래, 미안해. 내가 잘못했어. 됐어?"라는 사과는 차라리 하지 않는 게 낫다.

진심 어린 사과로 관계를 회복하고 싶다면 다음의 몇 가지 문장을 기억하는 것이 좋다.

(1) "네 말이 맞아. 내가 네 감정을 잘 헤아리지 못했어."

(2) "네가 슬퍼하는 걸 보니 내 마음이 너무 아프다."

(3) "너를 배려하지 못했어. 미안해."

(4) "내 잘못을 돌이킬 수는 없지만, 나를 용서해줄 수 있을까?"

(5) "내가 너였더라도 화가 많이 났을 거야."

(6) "다시는 이런 짓을 하지 않을 거야. 약속할게."

(7) "내가 왜 그런 어리석은 행동을 했을까!"

(8) "네 말이 맞아. 내가 너무 이기적이었어. 정말 미안해."

잘못을 저질러 상대의 마음을 상하게 했을 때는 진심을 다해 사과하라. 사과는 정말 중요하다. 상처받은 사람의 감정을 깊이 헤아리고 내 잘못을 반성하면 사랑과 믿음이 다시 자라날 것이다.

자녀가 입을 닫는다면 부모의 말을 점검하라

자녀와 매일 함께 시간을 보내면서 정작 아이들과 어떻게 소통해야 할지 모르는 부모들이 많다. 그건 부모가 자녀의 마음을 잘 헤아리지 못하기 때문이며 애초부터 아이의 마음을 읽을 생각이 없기 때문이다.

자녀와 대화를 나눠보겠다고 말을 시작해 놓고 결국에는 서로 감정이 상해서 끝맺는 경우가 많다.

부모: "오늘 학교에서 어땠어?"

아이: "새로운 걸 많이 배웠어요."

부모: "잘했구나. 많이 배워야 해. 안 그랬다간 나중에 커서 험한 일만 하게 될 거야."

아이: "…."

부모: "오늘 즐거웠어?"

아이: "네, 친구를 한 명 새로 사귀었어요. 걔랑은 정말 말이 잘 통해요."

부모: "친구를 사귀는 건 좋은데 너무 놀기만 하면 안 돼. 놀고 싶으면 숙제부터 해."

아이: "…."

무슨 얘기를 하든 마지막엔 공부 얘기로 끝난다. 아이는 부모에게 근황에 관해 나누고 싶었을 뿐이었다. 진심으로 아이의 이야기를 잘 들어주면 서로 나눌 수 있는 대화 내용은 무궁무진하다. 부모가 자녀와 대화를 나눌 때 주의해야 할 점은 무엇일까?

1. 경청하기

여기에서 말하는 경청이란 부모가 입을 꾹 닫고 가만히 앉아서 아이 말을 듣고만 있으라는 뜻이 아니다. 소통에는 상호작용이 있어야 한다. 말은 하지 않더라도 긍정과 칭찬, 격려의 의미가 담긴 눈빛을 보내주어야 아이는 신이 나서 얘기할 것이다.

2. 자세를 낮추고 아이와 대화하기

인생의 긴 여정에서 보면 부모와 아이의 관계는 평등하다. 부모라도 자세를 낮추고 아이와 대화를 나눌 수 있어야 한다. 같이 생각을 나누면서 아이를 평등한 인간으로, 한 인격체로 대해야 한다. 부모가 자신을 존중하고 있다고 느낌을 받으면 아이는 더 많은 이야기를 꺼내놓을 것이다.

3. 적절한 시간

대화라고 아무 때나 나눌 수 있는 건 아니다. 아이가 애니메이션에 집중하고 있다면 조금 기다려 주도록 하라. 입장을 바꿔 생각해보라. 뭔가에 집중하고 있을 때 방해받고 싶은 사람은 없다. 자녀와 대화를 나눌 때는 부모의 마음이 편안한 상태여야 하고, 긴급하게 처리해야 할 일이 없어야 한다. 지금 당장 아이에게 물어봐야 할 것이 있을 때는 아이가 하던 일을 잠시 멈추게 해서 집중하게 하는 것이 좋다.

4. 쉬운 표현 사용하기

자녀에게 많은 걸 가르치고 싶은 마음에 대화를 나눌 때 일부러 어려운 단어를 사용하는 부모들이 있다. 하지만 이런 말은 아이를 불편하게 할 수도 있다. 아이들과 대화를 나눌 때는 쉬운 표현과 긍정적인 말투를 써라. 당신 앞에 앉아 있는 사람은 어른이 아니라 어린아이다. 아이의 시선에서 생각하라.

5. 사실만 간단하게 말하기

좀처럼 고쳐지지 않는 나쁜 버릇을 가진 아이, 숙제도 하지 않고 텔레비전만 보는 아이에게 부모가 가장 많이 하는 말이 있다. "내가 대체 몇 번을 말했니….", "먼저 이거부터 해야지…." 그런 부모들은 과거의 잘못까지 들춰내며 아이가 얼마나 잘못을 하고 있는지 두 번, 세 번 반복해서 얘기한다.

너무 많은 얘기를 한꺼번에 일방적으로 쏟아내면 아이는 혼란스럽다. 핵심이 뭔지 알지 못하기 때문에 자신이 뭘 해야 하는지, 어떻게 해야 부모님 화를 가라앉힐 수 있을지 모른다. 기억하자. 아이와 얘기할 때는 한 가지씩만 단순명료하게 말하는 게 좋다. 구체적인 목표를 제시하고 해야 할 일만 쉽게 설명해주면 된다. 그러면 아이의 행동도 좀 더 빨리 개선된다.

6. 복잡한 추리형 표현 쓰지 않기

부모 말을 잘 듣지 않는 자녀에게 자주 하는 말 중 하나가 "만약에…, 그럼…."과 같은 '협박식' 표현이다. "만약에 지금 밥 안 먹으면 이따가 안 데리고 나간다.", "만약에 지금 안 자면 이따가 맛있는 거 안 사준다." 그렇지만 아이들은 원인과 결과가 연결된 추리형 문장에 숨은 뜻을 잘 알지 못한다. 게다가 이런 말을 들으면 심리적으로 협박당한다는 느낌을 받기 때문에 상황은 더 악화된다.

경청은 관계를 친밀하게 만드는 비밀 병기다

상대가 하는 말에 집중하면 상대는 편하게, 마음껏 말할 수 있다. 상대가 대화를 만족스럽게 느낄수록 당신에 대한 호감은 올라간다.

소통은 어떻게 말하고 어떻게 들어야 하는지를 아는 것이다. 하지만 무엇보다 가장 중요한 건 경청이다. 조물주는 우리에게 두 개의 귀와 한 개의 입을 주었다. 많이 듣고 적게 말하라는 뜻이다. 특히 가족들 사이에서는 더 조용히, 상대의 말에 귀를 기울여야 한다. 기억하라. 말하는 사람은 당신의 문제보다 자기 문제에 백 배 천 배 더 관심이 많다.

우리는 늘 자기에게 신경 쓰고 자기 생각을 말하는 데 열중하느라 타인의 감정을 잘 헤아리지 못한다. 그래서 우리가 하는 소통은 '나는 내 할 말만 하고, 너는 네 할 말만 하는' 경우가 많다. 하지만 사람들은 대부분 자기 생각을 상대에게 전달하고 싶어 하며, 상대가 자기 생각을 받아들이길 원한다.

자유롭게 말할 권리는 당신에게만 있는 것이 아니다. 다른 사람도 마찬가지다. 두 사람이 소통할 때는 서로 청자와 화자의 역할을 계속 번갈아 가며 담당해야 한다. 두 사람이 같이 속 시원하게 말할 수 있어야 대화가 원활해지고 갈등이 줄어든다.

"여보, 지금 바빠?"

C는 아내에게 하고 싶은 말이 있었다.

"왜?"

아내는 C의 말에 전혀 관심이 없었다.

"왜는 무슨 왜야. 바쁘면 바쁘다 아니면 아니다 하면 될걸."

남편은 자기도 모르게 목소리를 높였다.

하지만 아내는 아무런 반응도 하지 않았다. C는 아내의 냉담한 모습에 실망했고 화가 났다. 대화는 중단되었고, 그날 밤 두 사람은 부부싸움을 했다.

C는 아내가 자기 말을 들어주기를 바랐을 것이다. 아내가 그렇게 답을 한 데에는 이유가 있을 수도 있지만, 평소 말투가 그럴 수

도 있다. 그럴 만한 이유가 있는 게 아니라 평소 말투가 그렇다면 한번 생각을 해봐야 한다. 세상의 모든 남편과 아내는 배우자가 좋은 청중이 되어 자신의 마음을 헤아려 주길 바라기 때문이다.

꼭 배우자가 아니라도 가족과 대화를 나눌 때는 상대의 말에 집중해서 상대가 마음껏 말할 수 있는 무대를 마련해주자. 끝까지 경청하는 당신이야말로 진정한 소통의 고수다. 가족 중 누군가가 당신에게 고민을 털어놓을 때는 해결책을 생각하느라 혼자 생각에 잠겨 있지 말고 그 고민을 집중해서 들어라. 그러면 상대는 고민을 말하면서 스스로 해결 방법을 찾아낼 수도 있다. 당신의 생각은 상대가 말을 끝내고 진심으로 조언을 요청한다면 그때 말해도 된다.

이성 관계를
더욱 친밀하게 만드는 법

당신의 말 한마디가 관계를 행복하게 만들기도 하고 불행으로 몰아넣기도 한다. 이성과의 행복한 관계를 유지하는 데 있어서 말하기는 엄청난 힘을 행사한다. 부드러운 말 한마디가 상대에게 퍼붓는 백마디의 질책이나 비난보다 훨씬 강하다는 걸 기억하자.

대화를 계속하고 싶다면 화제를 돌려야 한다

상대가 열을 올리며 말하고 있을 때, 아무리 노력해도 흥미가 생기지 않는다면 자연스럽게 일상생활과 관련한 이야기로 화제로 옮겨보자.

처음 만난 사람과는 무슨 대화를 나눠야 할까? 만나기 전에 두 사람이 전화 통화로 이미 대화를 많이 나눈 상태라면 별로 문제될 게 없다. 서로를 알고 싶은 마음만 있다면 관심 있는 주제는 얼마든지 찾아낼 수 있다. 하지만 만나기 전에 간단히 서로에 대해 소개받은 것 외에 딱히 나눈 대화가 없다면, 첫 만남에서 나누는 대화가 매우 중요하다. 그 대화가 첫 데이트의 성패를 좌우하는 요소가 되기도 한다.

영호는 농구광이다. 미연과의 첫 만남에서 그는 자신이 가장 좋아하는 농구 경기에 관해 열변을 토했다.

"레이커스 팬이에요. 레이커스는 뭐랄까, 정말 제 심장과도 같아요. 친구들과 내기하면 무조건 레이커스가 승리한다는 데 걸어요."

하지만 NBA에 전혀 관심이 없는 미연은 하나부터 열까지 그가 도대체 무슨 말을 하는지 알 수 없었다. 시간이 갈수록 미연은 더 불편해졌고, 결국에는 "네. 그런데 제가 농구에는 흥미가 없어서요."라고 말하기에 이르렀다. 이 말에 영호는 할 말을 잃어버렸다.

그동안 영호는 미연을 쭉 지켜봤고, 지인의 지인을 통해 어렵게 영호와 만나게 되었다. 영호에게 미연은 언제나 여신 같은 존재였고, 미연 역시 영호에게 호감을 가지고 있었지만, 지치지 않는 영호의 농구 사랑과 김을 새게 만드는 미연의 한마디로 결국 둘 사이는 멀어졌다.

대화는 사전 회의나 공식 포럼이 아니다. 순서에 따라 진행되는 것이 아니라서 같은 장소, 같은 분위기 속에 있는 사람과 무슨 화제로 어떤 이야기를 나누게 될지 알 수 없다. 대화를 나누는 당사자가 모든 화제에 관해 정확히 알기도 쉽지 않다.

예화에 등장한 미연이 영호처럼 농구팬이었다면 아무런 문제가 없었을 것이다. 그렇지만 미연처럼 상대가 말하는 내용이나 화제에 전혀 관심이 없다면 어떻게 해야 할까?

상대를 청중이라고 생각하고 일단 화제 하나를 던진 다음 최대한 거기서 공통의 관심사를 찾아내라. 그렇게 이야기를 확장하고 상대의 이야기에 반응해주라. 다시 말해 일부 대화의 주도권을 상대에게 넘겨주어 그 사람이 좋아하는 화제에 관해 대화를 나눠보라는 뜻이다.

만일 당신도 미연 같은 상황이라면 "그럼 종종 밤을 새우면서 새벽 경기 관람도 하시겠네요?"라고 말할 수 있다. 그러면 라이프스타일에 관한 이야기로 화제를 확장할 수도 있고, "여기저기 경기를 보러 다니려면 비용도 만만치 않게 들겠네요."라고 하면 그 사람의 경제 개념이나 취미에 대한 생각을 알 수 있다. 다만 조심할 것은 어떤 사람을 처음 만난 자리에서는 어떤 질문이든 너무 깊이 들어가지 않는 것이 좋다.

결론적으로, 마음에 들지 않거나 전혀 관심 없는 화제로 상대가 열을 올리며 말하고 있다면 자연스럽게 일상생활과 관련한 다른 화제로 옮겨보자. 대화의 폭이 넓어져 서로에 대해서도 더 많이 알게 될 것이다.

친할수록
적당한 신비감을 유지하라

이성 교제를 할 때는 적당히 거리를 두는 것이 좋다. 신비감은 상상력을 발휘할 계기를 마련해준다.

"아무리 친밀한 관계라도 적당히 신비감을 유지하는 것이 좋다. 그래야 상대를 탐색하고자 하는 마음이 생기고 매력적으로 느껴지기 때문이다."

이는 이성 관계에 관한 여러 조언 중 많은 사람이 인정하는 내용이다. 연인 관계에서는 신비감이 곧 매력인데, 사람이란 호기심이 많은 존재여서 본인이 잘 모르거나 이해할 수 없는 대상을 보면 어떻게든 알아내고자 하는 마음이 생기기 때문이다.

이성과의 첫 대화에서는 최대한 당신을 드러내지 않고 상대를 궁금하게 만드는 것이 관계의 첫 단추를 꿰는 데 효과적일 때가 많다. 집안 배경, 수입 등에 관해 상세하게 다 공개하면 상대는 더 이상 당신에게 호기심을 느끼지 못할 수도 있고, 당신에게 더 다가가고 싶은 마음도 잦아들 수 있다. 하지만 처음 만났을 때 당신에 대한 정보를 조금만 알려주면 다음에 또 만나 대화를 이어가고 싶다는 마음이 생긴다.

그렇게 해서 다시 만났을 때는 그동안 무슨 책을 읽고 어떤 음악을 들었는지 등에 관해 이야기를 나누어보라. 당신이 훨씬 매력적으로 보일 것이다. 즉 이성 간의 관계에서는 상대에게 당신에 대해 상상할 기회를 주는 것이 중요하다는 뜻이다.

누군가를 만나서 '나는 작년에', '나는 내년에', '나는 어제', '나는 오늘'이라는 식으로 '나'에 대해서 계속 이야기를 하게 되면 상대는 당신을 '자아도취'적인 사람이라고 생각할 수 있다. 또 당신에 대해 많은 것을 알아버려서 더는 당신에게 궁금증을 느끼지 못할 수도 있다.

반면 자신에 대한 이야기보다 상대에게 질문을 더 많이 하는 사람에게는 신비감을 느낀다. 특히 호기심이 많은 사람일수록 자신이 알지 못하는 미지의 세계나 인물에 대해 알아내고 싶어 하는 욕구가 강하기 때문에, 상대가 이런 사람이라는 생각이 들면 신비감을 유지하는 전략을 써보라.

그렇다면 어느 정도 만남을 갖다가 연인이 된 경우, 상대가 내게 싫증을 느끼지 않게 하려면 어떻게 하는 것이 좋을까? 그때도 마찬가지다. '나'라는 주어를 너무 남발하지 마라.

사랑에 빠진 사람 중에는 어떻게든 빨리 결혼하고 싶어 하는 사람이 제법 된다. 그런데 그렇게 안달복달해서 결혼을 하고 1년 반 정도가 지나면 시들해지고는 한다. 상대에 대한 신비감이 사라져 서로를 더 알고 싶고 탐색하고 싶은 욕구도, 설레는 감정도 증발하는 것이다.

하지만 공적인 관계는 다르다. 간결하고 명확하게 입장과 의견을 말해야 한다. 상대에게서 정확한 협력과 이해를 얻어내야 하기 때문이다.

사람은 알고 보면 상상했던 것만큼 신비하거나 매력적인 존재가 아닐 수 있다. 그래서 어느 정도 거리감을 유지하는 것이 이성 관계에서는 더 효과적일지도 모른다. 다른 사람과는 뭔가 다른, 특별한 사람처럼 느껴져 당신에 대해 더 알아보고 싶다는 욕구를 자극하기 때문이다.

부드러운 말 한마디가 백 마디의 질책을 이긴다

결혼 관계가 실패하는 원인은 강압적인 언어와 깊은 연관이 있다.

'가화만사성家和萬事成'이라는 말이 있다. 가정이 평안해야 모든 일이 잘 풀린다는 뜻이다. 여기에 등장하는 '화和'는 많은 가정에서 꿈꾸는 모습이기도 하다. 하지만 두 사람이 만나 결혼을 하고 가정을 이뤄서 살다 보면 이런저런 이유로 갈등이 일어나게 마련이다.

생각보다 많은 부부가 배우자의 강압적인 말투 때문에 상처를 받는다. 그들은 사랑하는 배우자를 향해 "넌 이렇게 해야 해.", "넌 저렇게 해야 해."라고 강요하거나 "넌 그렇게 생각하면 안 돼."라고 강요한다. 고객이나 상사, 동료 앞에서는 말 한마디 잘

못하지 않을까 전전긍긍하는 사람들이 배우자에게는 험한 말을 사용하며 고성을 내지르는 걸 보면 정말 아이러니하다.

강압적인 말투는 부지불식간에 수시로 등장한다. 인간관계의 아버지라 불리는 데일 카네기는 '세상 절반 이상의 결혼은 실패한 관계'라고 평가했다. 그는 결혼 생활이 실패하는 가장 큰 원인 중 하나가 강압적인 언어라고 주장한다.

강압적인 말투나 명령이 아니더라도 얼마든지 배우자를 설득할 수 있다.

하루는 바람이 태양에게 말했다.

"우리 누가 더 힘이 센지 시합하자. 저기 지나가는 나그네의 외투를 먼저 벗기면 이기는 거야."

태양은 내기에 응했다. 바람이 먼저 입으로 바람을 불기 시작했다. 그런데 바람이 세면 세질수록 나그네는 외투 단추를 꽁꽁 동여맸다. 결국 바람은 포기하고 말았다.

이번에는 태양 차례였다. 구름 뒤에 숨어있던 태양이 밖으로 나왔다. 그리고 조금씩 나그네를 향해 태양을 내리쬐기 시작했다.

"날이 왜 이리 변덕스러워."

땀을 훔치기 시작하던 나그네는 이내 외투를 벗어버렸다.

강압적인 말투는 가정에 상처를 내고 망가뜨릴 뿐이다. 가정의 행복을 바란다면 그런 말투는 버려야 한다. 강압적인 태도로는 상대를 영원히 굴복시킬 수 없다. 그렇다면 가정에서 어쩔 수 없는 갈등과 마찰이 생겼을 때는 어떻게 해결하는 것이 좋을까?

(1) 상대를 존중하라. 이는 나쁜 말투를 버리기 위한 가장 중요한 전제조건이다.
(2) 부부는 공평한 관계다. 상사와 부하가 아니다. 둘 중 누구도 우위에 있을 수 없다.
(3) 의견이 다르다고 늘 갈등 상황이 벌어지는 것은 아니다. 갈등은 얼마든지 피할 수 있다. 인내심을 가지고 조율하라.
(4) 사소한 일로 화를 내거나 상대를 비난하지 마라. 잘잘못을 따지는 것은 관계에 아무 도움이 되지 않는다.

상대가 행복해야 나도 행복하다

배우자를 많이 칭찬하고 격려하고 믿어주어라. 그래야 배우자가 행복해지고 당신도 행복해진다.

여자든 남자든 칭찬을 싫어하는 사람은 없다. 칭찬은 상대를 기쁘게 해줄 뿐만 아니라 자신감을 불어넣어 스스로를 가치 있는 사람이라고 생각하게 한다. 나아가 긍정의 에너지를 불어넣어 더욱 사랑스러운 모습의 사람으로 변하게 한다.

'세계 제2차대전'의 퇴역 군인인 마윈은 불행하게도 전쟁 중 부상을 당해 왼쪽 다리에 장애를 입었다. 그나마 다행인 건 좋아하는 수영은 여전히 즐길 수 있다는 것이었다.

건강을 조금씩 회복한 그는 여름이 되자 사랑하는 아내와 함께 해변에 가서 휴가를 즐기기로 했다. 해변에 도착하자마자 그는 바다로 뛰어들었고, 그러다가 지치면 그대로 모래사장에 누워 휴식을 취했다.

그런데 나중에 마원은 사람들이 다 자기를 몰래몰래 보고 있다는 사실을 발견했다. 그전까지는 다리 상처를 숨기지 않았었지만, 사람들이 보고 있다고 생각하니 갑자기 그 다리가 너무 흉해 보였다.

그 사건이 있고 한 달 뒤, 아내가 다시 해변에 가자고 했을 때 마원은 거절했다.

"해변에는 가기 싫어. 차라리 집에 있는 게 나아."

"당신이 왜 그런지 알아요. 다리 상처가 신경 쓰이는 거죠?"

"그래, 맞아."

그러자 아내는 그에게 평생 잊지 못할 말을 해주었다. 그 몇 마디가 다시 마원을 살려냈고 희망으로 이끌었다.

"그 상처가 신경 쓰이는 거 충분히 이해해요. 그런데 그거 알아요? 그건 당신 용기에 대한 훈장이에요. 영광의 상처이자 거룩한 흔적이라고요. 그걸 숨기지 말아요. 부끄러워하지 말아요. 그 상처가 왜 생겼는지 기억해요. 당신은 그걸 충분히 자랑스러워할 자격이 있어요. 일어나요. 해변으로 가자고요."

특히 배우자의 진심 어린 위로와 격려는 삶을 바꾸고 세상을 바라보는 시각을 새롭게 만들어준다. 그리고 새로운 생명을 불어넣어 준다. 배우자가 계속 앞으로 나아가게 하는 방법은 무언가를 요청하고 부탁하는 게 아니라 격려하고 지지해주는 것이다. 그러니 배우자에게 충분한 사랑과 칭찬을 주도록 하라. 마음껏 재능을 발휘할 수 있도록 격려해주어라. 그러면 어느새 그 사람은 당신이 꿈꾸는 이상형이 되어있을 것이다.

상대가 행복하면 나 역시 행복하다. 배우자에게 해주면 좋은 몇 가지 행동을 기억하자.

1. 달콤한 미소로 답해주기

배우자에게 미소를 많이 지어주도록 하라. 내면에서 우러나오는 따뜻한 미소가 상대에게 큰 힘이 될 것이다.

2. 배우자의 가정적인 모습 칭찬하기

직장에서도 가정에서도 언제나 성실하게, 책임을 다하는 모습을 칭찬해주자. 남자든 여자든 가정을 이룬 대부분의 사람은 가정을 돌보기 위해 언제나 최선을 다하고 있다. 칭찬을 하는 것은 그 노력을 인정한다는 뜻이다.

3. 배우자의 장점 칭찬하기

"당신은 정말 능력 있고 매력적인 사람이야."라고 말하면 처음에는 어느 정도 효과가 있겠지만 지나치면 오히려 빈말로 느껴질 수 있다. 그보다는 배우자만의 개성이나 특징을 칭찬하도록 하자. "당신은 운전을 정말 잘해. 성격이 침착해서 그런가 봐. 당신이 운전하는 차를 타면 안심이 된다니까." 당신의 칭찬에 배우자는 큰 보람을 느낄 것이다.

무의미한 말싸움을 하지 마라

싸움도 선을 지키면 서로에게 상처를 남기지 않고 오히려 소통의 기회가 될 수 있다. 위기를 기회로 만드는 기술을 익혀보자.

미국 시트콤 〈프렌즈〉에는 모니카라는 인물이 등장한다. 성격이 호탕하며 다소 거칠고 통제욕이 강한 여성이다. 그에 반해 챈들러는 약속을 두려워하고 결혼을 무서워하며 가시 돋친 말을 잘하는 남성이다. 그런데 신기하게도 극 중에서는 이런 두 사람이 짝을 이뤄 결혼을 한다. 그렇지만 모든 부부가 그러하듯 그들도 결혼 후에 치열하게 싸우고 치열하게 다툰다.

어느 날 저녁, 모니카와 챈들러는 또 한 번 다투었다. 모니카가 잃어버린 물건을 찾느라 짜증이 난 상태에서 챈들러가 던진 말 때문에 사소하게 투닥거리다가, 서로 한 치도 양보하려 하지 않으면서 심각한 상황이 되어 버렸다.

이 장면을 본 기혼자들은 본인들의 경험을 떠올리며 싸울 때 배우자에게 했던 말들을 생각한다. "네가 뭐 그렇게 잘났는데? 지금 네가 나보다 돈을 더 많이 번다고 무시하는 거야?", "넌 나한테 안 돼!", "너랑은 정말 말이 안 통해.", "너 미쳤어?"라고 싸움을 하고 나면 아무리 사랑하는 사이여도 만 번은 넘게 죽이고 싶은 충동이 든다는 걸 깨닫는다.

실제로 부부싸움이 시작되면 대부분의 사람은 감정적으로 변한다. 마치 상대에게 상처를 남기고 아프게 하려고 결혼한 게 아닌가 싶을 만큼 심한 말을 내뱉는다. 하지만 그런 식으로 상대를 제압하고 짓누르는 싸움은 서로에게 아무런 도움이 되지 않는다.

싸움도 정도를 지켜서 하면 상대에게 상처를 주지 않고 오히려 서로를 알 수 있는 계기가 된다. 다음은 상처 주지 않는 싸움의 기술이다.

(1) 말을 할 때 '나는'이라고 시작하라. 일인칭 시점으로 말을 해야 상대를 비난하거나 비꼬지 않으면서 나에 대해 알려줄 수 있다. "나는 네가 내게 상처를 준 것 같아.", "나는 네 생각이…."처

럼 '나 대화법'으로, 내 감정과 느낌, 생각을 말하라.

(2) 핵심을 말하라. 논쟁을 해결하는 가장 확실한 방법은 생각을 명확하게 말하는 것이다. 상대를 비꼬거나 비아냥거리지 않도록 하라. 그렇지 않으면 배우자가 대체 어떤 부분에 불만이 있으며 뭘 하고 싶은 건지 알 수 없다.

(3) 프라이버시는 건드리지 마라. 아무리 격렬하게 다투더라도 상대의 프라이버시는 지켜줘야 한다. 화가 난다고 배우자의 프라이버시를 건드는 것은 자기 얼굴에 침 뱉기다. 배우자와 당신은 한 배를 타고 있기 때문이다.

(4) 상대에게 말할 기회를 주자. 잔뜩 꼬인 마음의 실타래를 풀기 위해서는 상대에게 해명할 기회를 줘야 하며 끝까지 잘 경청해야 한다.

(5) 서로 조금 떨어져 있는 시간을 가지라. 시간을 가지면서 분노를 식히고 어떻게 하는 게 좋을지 생각하라. 문제를 해결하는 데 큰 도움이 될 것이다.

(6) 물건을 던지지 말자. 아무리 화가 나도 물을 쏟는다거나 물건을 깨뜨리는 등의 행동은 절대 하지 말아야 한다. 폭력은 절대로 안 된다.

(7) 잘잘못을 가리지 마라. 싸움의 원인이 누구에게 있는지 따지는 건 아무 의미가 없다. 그저 서로 다른 생각의 골만 깊어질 뿐이다. 이 부분만 잘 기억해도 싸움은 많이 줄어든다.

(8) 큰 소리로 싸우지 말자. 소리를 벅벅 지르면서 싸우면 주변 사람들이 하나둘 모여들어 구경하기 시작한다. 그러면 관계는 더 악화되고 대외적으로 처신하기도 어려워진다.

살면서 한 번도 싸우지 않은 부부는 없을 것이다. 화가 머리끝까지 차오른 상황에서 내뱉는 말은 서로에게 상처를 남긴다. 세상의 모든 친밀한 관계는 더더욱 지혜를 발휘해야 한다. 그 관계가 가장 소중한 관계이기 때문이다. 인생을 살다 보면 누구나 암흑기가 있고, 그 시기를 지나야만 찬란한 태양을 볼 수 있다는 것을 기억하라.

상대를 도발하게 하는 표현은 쓰지 마라

진상을 알아보지도 않고 무조건 상대를 비난해서는 안 된다. 위험 수위가 높은 단어들을 따뜻한 언어로 바꾸는 노력을 해보자.

사랑하는 연인, 부부 사이에도 위험 수위가 높은 단어들이 종종 등장한다. 이런 표현은 서로의 관계를 망치고 마음에 상처를 남긴다.

마이크와 헤일리는 부부다. 헤일리에게는 "당신은 항상…."이라고 말하는 습관이 있다. 그런데 마이크는 그 말을 들을 때마다 마음이 불편했다.

"정말 짜증 난다니까? 왜 항상 그런 식으로 말하는 거야. 대체 내가 뭘 잘못했다는 거지?"라고 속상한 마이크가 친구에게 마음을 털어놓았다. 헤일리의 그 말을 너무 싫어하는 마이크는 그 표현을 사용할 때마다 오로지 반격하는 데만 혈안이 되어 정작 그녀의 마음에는 주목하지 않았다.

헤일리가 그렇게 말한 이유는 그저 마이크에게서 관심을 받기 위한 것이었다. 답답하고 힘든 일이 있을 때면 헤일리는 마이크에게 털어놓고 위로받고 싶었지만, 대체 어떤 방식으로 말을 해야 좋을지 몰랐다. 게다가 마이크는 공감력이 좀 부족한 편이라 헤일리의 마음을 미리 알아주지도 못했다. 이렇게 소통이 잘 안 되다 보니 헤일리는 속상하고 섭섭한 마음에 불쑥 "당신은 항상…."이라고 비난하듯 말하게 되었다. 마이크는 여전히 그녀의 속내를 읽을 수 없었고, 둘 사이의 오해는 갈수록 깊어졌다.

어느 날, 마이크는 집 대문이 활짝 열려있는 걸 보았다. 그는 헤일리에게 혹시 대문 닫는 걸 잊어버렸냐고 물었다. 그러자 헤일리가 자기를 변호하며 말했다.

"당신은 뭐가 잘못됐다 싶으면 항상 나한테 뭐라고 그러더라? 그래! 내가 그랬다! 내가 그랬어!"

마이크는 그녀를 질책하려던 건 아니었다.

"내가 언제 당신을 비난하려고 했다고 그래!"

이런 상황에서 "아니? 내가 안 그랬는데?", "네가 그랬잖아!"라는 식으로 말하면 싸움이 끝나지 않는다.

끝없는 말싸움의 함정에 빠지지 않으려면 더 이성적인 방식으로 소통해야 한다. 대문이 닫혀있지 않은 걸 발견한 마이크는 헤일리에게 조금 더 부드럽게 말했어야 했다. 그랬다면 헤일리 역시 "넌 항상 나를 비난한다."라는 식의 말은 하지 않았을 것이다. 어쩌면 "아냐. 나는 분명히 닫고 들어왔어. 아까 커피 마시고 당신이 뭐가 필요하다면서 나갔다 오지 않았어? 잘 한번 생각해봐." 라고 말할 수도 있었다.

질문이 대답을 만든다는 말이 있다. 따뜻한 선의의 질문을 많이 사용하다 보면 그 언어의 표현 방식이 갖는 힘 때문에 스스로 놀랄 수 있다. 갑자기 문을 열어놓고 온 사람이 본인이었다는 게 떠올랐다면 마이크는 온순한 양처럼 헤일리에게 사과했을 것이고, 다음부터는 문단속을 더 철저히 하게 됐을 것이다.

상대를 비난하고 질책하는 것보다 사건의 진상에 더 관심을 두면 위험 수위가 높은 표현은 점점 줄어들게 되고, 거친 표현도 따뜻하고 상냥한 말로 변할 것이다. 그리고 서로를 더 많이 이해하고 사랑하게 될 것이다.

가끔은 선의의 거짓말도 필요하다

남발해서는 안 되지만, 가끔은 선의의 거짓말이 사랑을 더 두텁게 해주는 묘약이 되기도 한다.

결혼 생활은 솔직해야 하며 거짓이 없어야 한다. 그렇지만 때로는 그를 위해, 혹은 그녀를 위한 소소한 거짓말이 필요할 때가 있다. 그 거짓말이 서로에게 작은 행복과 놀라움을 안겨주기도 한다. 사랑하는 사이에 선의의 거짓말은 서로에 대한 사랑을 더 하는 역할을 한다. 상대의 거짓말을 알아차렸다고 해도 가끔은 모른 척 넘어가자. 사랑에는 서로에 대한 이해와 포용이 필요한 법이다.

지수의 생일날, 남자친구가 목걸이를 선물로 주며 말했다.

"몇 군데를 돌아다녔는지 몰라. 너한테 가장 어울리는 걸로 사려고 최선을 다해 골랐어."

그는 사랑스러운 눈빛으로 그녀를 바라보았다. 그녀가 얼마나 좋아할지 기대하는 얼굴이었다.

지수는 그가 고른 디자인이 별로 마음에 들지 않았다. 하지만 그를 실망시킬 수는 없었다. 그녀는 목걸이를 받아들고 위아래로, 양옆으로 들었다 놨다 이리저리 살펴보며 감탄하며 말했다.

"자기야, 정말 예쁘다. 요즘 유행하는 스타일이네! 돈 많이 썼지? 이거 하고 다니면서 항상 자기 생각할게."

남자친구는 자신의 선택에 만족하고, 그녀가 기뻐하는 모습에 행복을 느꼈다.

만약 지수가 본인의 진짜 생각을 그대로 말했다면 어땠을까? 물론 사랑하는 사람에게는 솔직해야 한다. 서로에게 거짓이 없고 속이는 게 없어야 한다. 하지만 때로는 융통성도 필요하다. 사사건건 늘 솔직히 사실대로만 말하면 평화로웠던 관계에도 금이 가게 될 것이다.

사랑의 거짓말은 관계를 더욱 끈끈하게 묶어주는 접착제 역할을 한다. 일부러 기만하려는 게 아니라 더욱 기쁘게 해주고 싶은 마음에 나오는 행동이기 때문이다. 가끔은 작은 선의의 거짓말이 사랑의 관계를 더욱 빛나게 해주고 즐거운 분위기를 만들어준다.

(1) “오늘은 왠지 집에 있고 싶네. 아이는 내가 볼게. 나가서 바람 쐬고 와.” 배우자에게 혼자만의 시간을 주는 것도, 적당히 거리를 두는 것도 관계에 도움이 된다. 배우자가 가끔 혼자만의 시간을 가질 수 있도록 해주자.

(2) “나도 이 드라마 좋아해.” 딱히 그 드라마를 좋아하지 않더라도 사랑하는 사람과 함께 보면서 이런저런 이야기를 나누어 보자.

(3) 하하! 너무 재밌다!” 재미없거나 유치한 말에도 적극적으로 호응해주자. 좋은 리액션은 관계에 윤활제가 된다.

(4) “당신 요리가 제일 맛있어.” 요리 솜씨가 뛰어나지 않아도 나를 위해 시간을 들이고 정성스레 음식을 만들어준 마음을 보자. 상대를 칭찬하고 감사의 마음을 더하면 요리 실력도 점차 늘어날 것이다.

(5) “아니, 나도 그 영화 안 봤어.” 이미 본 영화라도 사랑하는 사람이 보고 싶다고 하면 한 번 더 볼 수 있는 정도의 아량을 가지자. 상대가 고맙게 여길 것이다.

다른 사람을 공격하는 것은 자신의 강함을 드러내는 것처럼 보이지만
사실상 연약한 사람만이 이런 방법을 사용한다. 다른 사람을 공격할수록
자신의 부족함이 더 선명하게 드러난다.

사회학자 헤리 베비스

감정은 전염된다. 긍정적인 정서는 당신과 다른 사람의 소통에서
더 많은 즐거움을 얻게 해준다. 하지만 부정적인 정서는 두 사람의 소통이
점점 이성에서 멀어지게 만든다.
긍정심리학 교수 크리스토크 타키스